# 突破

## 如何让优秀的人跟随你

李亮◎著

中国纺织出版社有限公司

## 内 容 提 要

本书从组织行为和心理测量的角度阐述不同性格类型的人作为管理者和被管理者在面对领导困境时的性格解法，利用 DISC 工具从人本研究的角度分析现代职场的领导与被领导，对战术型、交互型、战略型、护卫型领导的管理风格和行为特征进行详细讲解，用理论＋模型＋工具＋方法＋应用的方式阐述性格在领导力实践中的影响。本书面向的读者包括企业人力资源从业者、经营管理人员、咨询师、职业规划师、培训师，以及希望提升自身能力的企业员工、希望提升领导力的管理者、管理学专业学生。

**图书在版编目（CIP）数据**

突破：如何让优秀的人跟随你 / 李亮著. -- 北京：中国纺织出版社有限公司，2024.1

ISBN 978-7-5229-0752-9

Ⅰ．①突… Ⅱ．①李… Ⅲ．①企业领导学—通俗读物 Ⅳ．① F272.91-49

中国国家版本馆 CIP 数据核字（2023）第 134886 号

责任编辑：史 岩　　责任校对：高 涵　　责任印制：储志伟

中国纺织出版社有限公司出版发行
地址：北京市朝阳区百子湾东里A407号楼　邮政编码：100124
销售电话：010—67004422　传真：010—87155801
http://www.c-textilep.com
中国纺织出版社天猫旗舰店
官方微博 http://weibo.com/2119887771
三河市延风印装有限公司印刷　各地新华书店经销
2024年1月第1版第1次印刷
开本：710×1000　1/16　印张：13.25
字数：198千字　定价：68.00元

凡购本书，如有缺页、倒页、脱页，由本社图书营销中心调换

## 推荐序一

领导力是什么？是一种人对人的影响力。而影响力的重要来源是个人内在的视野、境界、胸怀和智慧，在此基础上形成的号召力、感染力甚至个人魅力是推动组织不断发展的重要动力。这种领导力的培养，固然有其先天的成分，但来自后天的自觉学习、世事锻炼亦非常重要，特别是在人文、哲学、艺术、心理等方面的持续熏习，可以不断扩充我们的内在生命空间。作为领导者，不仅要才堪大任，更需德配其位。

在公司的管理过程中，领导者要始终重视企业文化的建设。"明德、中正、自强、和静、爱国、成长、责任、利他"这些价值观根植于优秀的中国传统文化。这样的企业文化使我们在面对各种挑战和困难时，抱持着高度的战略定力、洞察力及与团队成员的共识和凝聚力；面对不确定性，把握好方向，不至于跑偏；透过现象看到本质，不彷徨、不茫然；同时，领导者带领核心团队相互成就、共同成长。

当下，关于领导力的实践与研究，越来越重视由内而外的影响力，越来越注重个体自觉的反思、心性的成长。中国文化历来强调即用显体，如何应对百年未有之大变局是体现领导者的"大机大用"，而这个"用"离不开卓然不动的"体"，那就是日日更新的开阔生命状态！自力、自强，方可更好地承担责任和利他。

总之，领导力是个复杂的管理命题，《突破：如何让优秀的人跟随你》这本书给我们提供了另一种思考领导力的新视角。简而言之,"责任与目标"是卓越领导者应该具备的核心素质之一。

启明星辰信息技术集团股份有限公司创始人、董事长兼 CEO、
博士
严望佳
2023 年 4 月

## 推荐序二

看了李亮博士的《突破：如何让优秀的人跟随你》，重新点燃了我对于领导力的一些思考。什么是领导力？什么是卓越领导力？如何提高提升领导力？这些思考总是萦绕在脑海里。

20世纪80年代初期，西方的一批组织社会学家和管理学家开始了一系列关于"寻找什么样的领导风格是卓有成效的"这一着眼未来的调研。到了21世纪初期，很多学者称，他们发现一种类型的领导可以在几乎所有的文化背景和各种情况下取得卓尔不凡的成绩。李博士这本《突破：如何让优秀的人跟随你》就是在这种研究背景下对领导力理论的一种创新，这种领导风格可以被称为变革型领导或魅力型领导，即书中所说的"交互型领导者"。这类卓有成效的领导者善于运用"人际关系"的艺术，通过这种"关系（A2）"加工与萃取，将资源（A1）变成富有成效的结果（A3）。

这类领导者具有如下特征：

※ 充满自信和才干。
※ 具有清晰的使命、目的和价值。
※ 具有在实现重要目标的过程中的执行精神。
※ 愿意做出重大的个人牺牲，以实现理想和目标。
※ 为团体或组织制订、阐述一个明确的愿景。
※ 在实现看似不可能的目标方面显示了自信和决心。
※ 把员工的需求和自己的愿景联系起来。
※ 鼓励和鼓舞支持者去追求新的方式和对现状的挑战。

通过阅读《突破：如何让优秀的人跟随你》这本书，我更加坚信，领导者如果采取了交互型或魅力型的领导风格，将会赢得更多的追随者。但是，正如李博士在"领导动力学：从自我改变开始"一章中指出的，很多领导者会采取伪装手段将自己"包装"成一位变革型领导者，无论这种伪装是主观的还是无意识的，都会对追随者产生不利影响。那么我们怎样才能知道一位领导者是否"货真价实"，值得我们追随呢？李博士这本书给我们提供了一种甄别真实与虚假变革型领导者的方法，这是特别值得肯定和极具前瞻性的研究。

本书另一个特点，没有空洞的去谈领导力，而是通过一种领导力测评工具，即DISC，把每种不同的领导者的管理行为在受管理的人们中所产生的种种后果都包括进来。同时，在每种领导类型中，用"思维定向""领导风格""互动模式""提升方略"四个维度全面剖析了这种领导类型的特质，使我们得到了一个完整的圆环。这是一种有创造性的方法论，给我们学习领导力理论提供了一种方法和工具。

这个新方法还使我们能够从双方不同的视角来看待每种领导风格，并帮助回答为什么要采取这种行动和作出这种反应的问题。我时常听到人们问："如果我的上级（或同事、或下属）用这种风格来进行工作，我将怎样更有效地同他相处和合作？"李博士的领导类型理论为我们提供了解决这种困惑的思路和方法。

总之，《突破：如何让优秀的人跟随你》这本书为我们提供了"识别、学习和提升"领导力的方法论，尤其是提供了领导力转变的模型和工具——I型策略。正如书名所说"如何让优秀的人跟随你"，或者说"如何找到可以信赖并值得跟随的人"，你都会在这本书中找到答案。

北京碧水源科技股份有限公司联合创始人<br>
碧兴物联科技（深圳）股份有限公司董事长<br>
中国上市公司董秘百人会理事长<br>
何愿平<br>
2023年4月

# 目 录

## 绪言　领导动力学：从自我改变开始

一、领导：关系、资源和结果　　　　　　　　　　　　／003
二、卓有成效的"关系"领导者　　　　　　　　　　　／006
三、领导要素和领导风格　　　　　　　　　　　　　　／007
四、领导的两个维度：对人和对事　　　　　　　　　　／011
五、不同领导类型的领导风格　　　　　　　　　　　　／014
六、领导的第三个维度：需求和动机　　　　　　　　　／016
七、不同类型的下属　　　　　　　　　　　　　　　　／022
八、领导动力学的价值　　　　　　　　　　　　　　　／025

## 第1篇　战术型领导者

认识D型领导者　　　　　　　　　　　　　　　　　　／030
第1章　思维定向：行动、掌控与战术　　　　　　　　／032
　　1.1　谈判：通过谈判解决问题——卓越的谈判专家　／032
　　1.2　应变：灵活运用生存战术——危机解决专家　　／034
　　1.3　聚焦：关注任务，聚焦目标，直击事物的本质　／035
　　1.4　适应：能够轻松自如地适应任何新环境　　　　／036
第2章　领导风格："别担心，没有解决不了的问题"　　／039
　　2.1　需求：要求控制、掌握和支配的愿望　　　　　／040
　　2.2　情绪管理：清除矛盾，让他人屈从　　　　　　／043

2.3　主动性：强烈地促进和推动　　　　　　　　　　　　/ 049
　　2.4　对待信息：为了防御和保护权力　　　　　　　　　　/ 050
　　2.5　倡导：确保他人不怀疑自己所说的事情　　　　　　　/ 053
　　2.6　决策：重视自己的决策，很少受其他人影响　　　　　/ 053
　　2.7　批评：毫不犹豫地指出和改正工作中的问题　　　　　/ 054

第3章　互动模式：与不同类型下属之间的相互关系　　　　　　　/ 055
　　3.1　与D型下属合作的各种反应：一场胜利与失败的争斗　/ 055
　　3.2　与I型下属合作的各种反应：最富生产性的组合　　　 / 056
　　3.3　与S型下属合作的各种反应：权威与服从　　　　　　 / 057
　　3.4　与C型下属合作的各种反应：对抗与回避　　　　　　 / 057

第4章　提升方略：以战术的方式改变身边的环境　　　　　　　　/ 059
　　4.1　克制愤怒，懂得宽容，不断反省　　　　　　　　　　/ 059
　　4.2　关心他人，学会赞扬，积极聆听　　　　　　　　　　/ 060

# 第2篇　交互型领导者

认识 I 型领导者　　　　　　　　　　　　　　　　　　　　　　/ 062

第5章　思维定向：关系、影响与协作　　　　　　　　　　　　　/ 065
　　5.1　交往：懂得换位思考，具有高度的同理心　　　　　　/ 065
　　5.2　激励：具有强大的感召力——催化剂式的领导　　　　/ 066
　　5.3　感染：具有与生俱来的感染力——卓越的公共关系专家　/ 068

第6章　领导风格："我为人人，人人为我"　　　　　　　　　　　/ 070
　　6.1　需求：想通过贡献求得满足　　　　　　　　　　　　/ 071
　　6.2　情绪管理：正视矛盾，用正确的方法解决冲突　　　　/ 073
　　6.3　主动性：以有力的、面向组织的方式实现目标　　　　/ 080
　　6.4　对待信息：全面深入和充分了解信息　　　　　　　　/ 081
　　6.5　倡导：倡导如实地介绍情况，不作任何保留　　　　　/ 083
　　6.6　决策：希望团队成员参与整个决策过程　　　　　　　/ 084
　　6.7　批评：通过批评，努力争取整个团队之间的高效协作　/ 086

第 7 章　互动模式：与不同类型下属之间的相互关系　　　/ 088

7.1　与 D 型下属合作的各种反应：能够以健全的有效方式一起工作　/ 088

7.2　与 I 型下属合作的各种反应：相互吸引，波长一致　/ 088

7.3　与 S 型下属合作的各种反应：取长补短，一起成长　/ 089

7.4　与 C 型下属合作的各种反应：热情与冷漠　/ 090

第 8 章　提升方略：借用情感共鸣和交际技巧维护和完善人际关系　/ 091

8.1　学会拒绝，充分授权，控制情绪　/ 091

8.2　关注他人，减轻压力，调节心态　/ 092

# 第3篇　战略型领导者

认识 S 型领导者　　　/ 094

第 9 章　思维定向：思辨、稳定与和谐　　　/ 097

9.1　协调：具有强烈的规划意识，对各项工作都了然于心　/ 098

9.2　创造：善于探索，富有创新精神　/ 099

9.3　预想：擅长思辨和战略规划——预想家式的领导　/ 100

9.4　目标控制：擅长制定周密的目标并保证目标的实现　/ 101

9.5　怀疑：具有怀疑精神和高超的观察能力　/ 102

第 10 章　领导风格："不要沮丧，高兴一点……"　　/ 103

10.1　需求：使人高兴的愿望　/ 104

10.2　情绪管理：讨厌争论，选择和谐，避免冲突　/ 105

10.3　主动性：渴望成为组织中有用的人　/ 110

10.4　对待信息：喜欢成为"知内情的"人　/ 112

10.5　倡导：不支持各种强硬的意见　/ 114

10.6　决策：当决策可能被其他人接受时，作决策是一件愉快的事　/ 115

10.7　批评：给予积极看法，使其他人保持良好感觉　/ 116

第 11 章　互动模式：与不同类型下属之间的相互关系　　/ 117

11.1　与 D 型下属合作的各种反应：友善与敌视的博弈　/ 117

11.2　与 I 型下属合作的各种反应：快速与缓慢的摩擦　/ 118

11.3　与 S 型下属合作的各种反应：相处得相当良好，相互赞美　/ 119
　　11.4　与 C 型下属合作的各种反应：希望合作与不想被打扰的矛盾　/ 119

第 12 章　提升方略：借助和谐稳定的环境实现整体目标　/ 120
　　12.1　学会展示，抓住重点，改变拖沓　/ 121
　　12.2　驾驭上司，消除焦虑，培养对手　/ 121

# 第4篇　护卫型领导者

认识 C 型领导者　/ 124

第 13 章　思维定向：支持、谨慎与部署　/ 127
　　13.1　安定：善于建立细致的规则——安定剂式的领导　/ 128
　　13.2　赞赏：拥有推己及人的赞赏方式　/ 130
　　13.3　后勤部署：确保信息通畅，能高效地上传下达　/ 131

第 14 章　领导风格："这不是我的问题……"　/ 133
　　14.1　需求：想要保持独立，尽量不参与　/ 133
　　14.2　情绪管理："鸵鸟心态"，不想介入矛盾　/ 135
　　14.3　主动性：被动，不喜欢新的观念　/ 140
　　14.4　对待信息：对信息知道的越少越好　/ 141
　　14.5　倡导：不承担义务并尽量保持沉默　/ 142
　　14.6　决策：推卸责任，尽量不决策　/ 143
　　14.7　批评：永远不会想到批评　/ 145

第 15 章　互动模式：与不同类型下属之间的相互关系　/ 146
　　15.1　与 D 型下属合作的反应：避免麻烦与喜欢争辩　/ 146
　　15.2　与 I 型下属合作的各种反应：漠不关心与积极进取的对抗　/ 146
　　15.3　与 S 型下属合作的各种反应：冷淡谨慎与友好热情的不协调　/ 147
　　15.4　与 C 型下属合作的各种反应：相互合作不会产生积极的结果　/ 147

第 16 章　提升方略：通过审慎克己确保各项工作适时地完成　/ 148
　　16.1　关注有效，善于授权，适当幽默　/ 149
　　16.2　加强协作，关注人际，采取行动　/ 149

# 第5篇
# 领导力转变：I型策略

## 第17章　I型策略：原则、方法与应用　/ 152
### 17.1　I型策略的基础：相互依存和独立精神　/ 152
### 17.2　I型策略的原则：有效的人际交往　/ 155
### 17.3　I型策略的方法一：参与和协同　/ 157
### 17.4　I型策略的方法二：正视冲突和解决矛盾　/ 162
### 17.5　I型策略的方法三：有效的反馈与评议　/ 166

## 第18章　领导力转变：从我开始　/ 170
### 18.1　反应（A4）工作法：转变的基础　/ 171
### 18.2　转变的障碍：个体对转变的抵制　/ 173
### 18.3　转变的过程：假设（S）—行为（B）—结果（R）　/ 179
### 18.4　转变的建议：从认识领导风格开始　/ 183

# 附录

附录1　领导力自评量表　/ 190
附录2　真实变革和虚假变革型领导对照表　/ 196
附录3　真伪变革型领导者练习表　/ 198

# 绪言
# 领导动力学：
# 从自我改变开始

我们为什么需要领导？弗洛伊德说，人们需要领导，是因为他们向往自己的父亲。也有人说，需要领导是因为人们寻找那种逝去的儿时的美妙，那种因为有强健的人呵护而得到的安全感，换言之，领导就是父辈和保护人的一种替代，如表1所示。

表1 卓越的领导与好父母

| 卓越的领导 | 好父母 |
| --- | --- |
| 给予个人的注意力；善于聆听，能敏感地洞察个人需求 | 对孩子的需求是敏感的，有求必应；理解孩子的需要并尽量找到适应这些需求的回应 |
| 建立现实的挑战，激发个人有能力赢得挑战的信念 | 根据孩子的成熟阶段为其建立富有挑战性的目标，相信孩子能够处理好相应的情况 |
| 开发追随者在独立性、自我激励和主导性方面的能力，在个体和群体层面产生一种自我认知、自我价值和竞争力的意识 | 接受并支持孩子开发独立意识的需要，支持孩子的自我价值、自我认知和竞争意识 |
| 提供机会去经历，支持成功，提供睿智的激励，激发想象力、思考方法和创新精神 | 给孩子提供机会去经历新的挑战，激发孩子的兴趣，并且在一种合作和支持的氛围内提升孩子的技能 |
| 建立自我价值、自力更生、竞争能力，以及独立自主、自我驱动、自愿投入和追求成功的感觉，使人们充分利用自己和组织的潜力 | 激发自我价值、情感成熟度、独立性、探索精神和成就导向的感觉，让孩子利用社会、情感和认知的潜力 |
| 赢得彻底的信任和尊重，营造一种和下属在一起时所持有的敬佩和骄傲感；树立个人榜样，成为模仿和身份证明的对象 | 营造一种对孩子的信任感，成为孩子的榜样和积极的标杆，以及身份象征和模仿对象 |
| 发展有效的、能够替换自己的领导者 | 让孩子有安全依附的感觉，使这种感觉在孩子走向成熟的过程中转化成"合作意识" |

表1的描述表明一个迹象，多数人的生活里存在某种心理上的"空洞"或情感的真空地带，这些都需要领导者来填补和开发。这种极其普遍的心理缺失使人们对那些出于自身心理上的阴暗、向往权力、影响甚至控制他人的人毫无招架之力。那些寻求领导角色的人，其实与人们建立了一种心理契约，如表2所示。

表2　领导者与人们建立的心理契约

| 被领导者的期望 | 领导者的给予 |
| --- | --- |
| 我们希望通过努力确立一种认同感,渴望这些努力带来增值效应 | 领导者把一种更高的象征意义赋予到人们的努力上,并把这种努力升华到道德高度;同时引导人们为那些真正值得的事情"站起来、承担责任" |
| 我们希望提升自尊感和自我认同感,希望具有竞争力、权力、成就感,自信可以处惊不变,掌控环境 | 领导者通过描绘远大前程让人们确信希望一定会实现,信心不会白费 |
| 我们希望得到过去、现在和将来持之以恒的感觉 | 领导者在人们面前展示了一幅美好远景,说明这幅图画是如何与所有人的过去紧密相连的;他们巧妙地使其他人感觉到,未来取决于对现在和过去的理解,未来与我们现在的状况和希望有怎样的关联 |
| 我们希望得到社会和个人的认同感,想体会到自己的某些方面比真实的自我强大得多 | 领导者强调群体认同感对共同目标的不懈追求才是认同感的核心价值,该群体因为拥有共同的价值和目标,才能与其他人和组织区别开来 |
| 我们希望明天更美好 | 领导者移花接木,把"只要跟随他们便可成就明天"的意识嵌入人们的思想中 |

为了换取这种心理契约,人们为领导者付出忠诚和支持的代价,从而为这些领导者为自己争取权力、影响力和控制力的心理需求提供了温床。

## 一、领导：关系、资源和结果

我们经常听人说,领导力不是被造就的,或者领导力不过是一种与生俱来的才能。如果后者是真实的,那么大多数人就处于没有希望的境地。事实证明,不同人格特质的个体的确有与之相匹配的领导能力,虽然这种领导特质主导了我们的行为风格,但是卓越的领导力表现为多种形式,它并不专属于某种类型的人,每种类型的人通过努力,都可能成为适合自己天性的领导者,都具备成为卓越领导者的优势。

D型人具有行动思维,是卓越的战术型领导者;I型人具有交互思维,是卓越的交际型领导者；S型人具有思辨思维，是卓越的战略型领导者；C型人具有支援思维，是卓越的护卫型领导者。随着职位和管理范围不断扩大，他们在发挥自己"天赋能力"的同时，必须有意识地弥补自己所欠缺的能力。

这些说明，领导力确实是可以学习的。但是，这种学习和升华不是为了改变我们特有的领导思维，而是为了弥补、纠正和丰富我们的领导特质，最终使我们的领导力趋向平衡和完整。

那么何为"领导"呢？我们可以用多种方式来形容它们：凭灵感的、配合的、创新的等。实行领导的一种健全的方法是：领导3A模型，即资源（A1），关系（A2），结果（A3），如图1领导3A模型。一个领导者在这个范围内如何运作，将决定组织的成败。

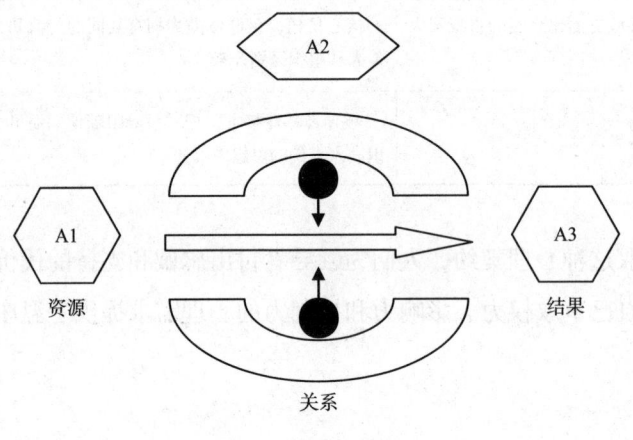

图1　领导3A模型

A1：资源是人作为个体可以贡献的东西。它们是个体生存必须具备的要素，即直接资源，包括知识、能力、技能和动力。在这些直接资源的基础上，其他间接资源，如技术、财务等非个体自身具有的资源才能发挥效力。

A2：关系是构成社会、组织和家庭的基础纽带，即人与人之间的相互影响，正是具备了这种特质，人类社会才能健康地发展。如图1所示，两个面对面的黑色圆点，代表了人们之间的相互关系。当然，在一个团队中我们要讨论的是两个人以上的人际关系，即一种"群体关系"。A2表明在所有面对面的人群中，个体和团队对于集体工作在多大程度上承担义务。这个群体包括：同事关系、不同部门之间的关系、和客户的关系、其他第三方的关系，以及在日常业务中与一切人的关系。它规定了"我们应该如何做事"。

A3：结果是通过团队相互影响及解决问题的过程来实现的。它们是可以衡量的，表现为生产率、利润、创造和创新、销售额和服务等。也就是说，它们衡量着组织目标达成的程度。

我们集中讨论A2的问题，这是领导力提升的关键，也是一个卓越组织胜过平庸组织的关键，因为一个组织对"关系"处理得如何，直接影响拥有资源的好坏程度及结果的达成。一个卓越领导者能使团队利用资源达到最大的成果，所以，一个领导者发挥最大作用的领域是A2。

那么我们所说的资源是指什么呢？它不是金钱、技术及原材料等物质要素，而是指人们具有的可以贡献的东西，是指他们在解决问题时所提供的东西。其他资源，也就是上面提到的"间接资源"，在组织中当然不可缺少，但是除非人们知道怎样来看待和使用它们，否则它们就是无用的。这就是要把目光集中在人身上，以及他们在解决问题时所使用的能力、技能、知识、需求和动机上的原因。

每当我们被打败时，往往采取"外归因"的方式，会把情况说成是合理的，我们会说："他们不过是运气好""他们财力雄厚""他们取得了最新技术""我们处在不利位置"。我们用自我辩解来原谅失败，而不正视我们可以产生的影响，以及依靠这种影响我们可以团结起来去完成艰巨的工作。A2如果运转正常，那么A1就能转化为A3，产生具体的结果，而且这是一个自然而然的过程。但是，如果A2缺乏力量，而且运转不正常，A1到A3的转化过程必然会受到不利影响，真正的原因十之八九在A2方面。

A2的缺乏使资源在相互关系的舞台"消失了"，即使它们能转化为有形的结果，也会非常缓慢。我们解决一个问题的时候，A2没有得到有效的利用，它们或者被封闭，或者被引入错误的道路，最终造成领导者进退两难的困境。

我们着重讨论人们在完成工作时，怎样更好地利用资源，所以A2领域是我们研究的重点。

## 二、卓有成效的"关系"领导者

领导者不是孤立工作的，他们本身就包含着相互影响。他们必须和其他人一起完成工作，才能发挥领导者这一角色的功能。卓越的领导者是建立和维持健全关系的艺术大师，并且通过其他人使资源（A1）转变为结果（A3）。

实际工作中我们常常看到，非常有才能的人并不产出我们希望的结果，原因往往是他们缺乏A2力量。比如，一个人表面上看好像有丰富的可支配资源，但是他总是不能和那些必须靠他们帮助才能取得结果的人建立良好的关系。解决这个问题的方法是：认识自己在领导工作中所造成的不良结果，自己的领导行为对哪些人产生了负作用，或者自己没有意识到但对工作有益的事情。而取得成功的关键在于认识领导工作中那些不良的结果。

只要我们对自己如何运用A2力量有一个客观的认识，我们就能在不知不觉中转向更加有效的行为。换言之，当我们继续做那些对集体和组织有不良影响的事情时，就不会有什么变革。我们必须正视并仔细剖析我们的弱点，以便转向另一种更加健全的运作方式。同时，我们必须看到自己的力量，以便加强它。我们的目标是帮助自己确认那些有可能改进的领域，衡量这些领域中变革的重要性、有效性和结果，从而提出如何提升组织成长的建议。

在一个领导者将A2领域里的相互作用加以优化后，资源就能得到充分的利用，甚至得到扩展，取得的成果就能大于每个人单独做出的贡献之和。结果并不是1+1+1=3，而可能是5，或者是6，甚至是8或9。我们没有被限制于把每个人的努力简单相加，相反，我们的努力会呈几何增长的趋势，从而创造出更好的结果。

组织的目的在于使每个人共同行动，创造出比单独行动更大的价值。因为通过协作可以得到更好的结果，组织在市场上的竞争力就会得到增强。领导者的任务是用能产生更好结果的方法来管理这个过程。而不同类型的领导者，对A1、A2、A3的理解和执行是不同的。因此，我们首先需要了解不同类型领导的思维定向、管理风格及互动模式，然后从 I 型策略入手，来构建领导力提升的方法。

## 三、领导要素和领导风格

领导是一个复杂的过程，但是它可以分解成一些关键的要素。尽管可以把一个要素孤立起来进行深入分析，但是要记住一点：每个要素是整体的一部分，它们彼此相互协调运转。换言之，每个要素就是一块宝石上的一个平面，我们可以分别观察每个平面，但五个平面是不能分离的。领导要素之间存在一种隐含的相互依赖关系，没有一个要素是单独存在的。而且，这种密切联结在实际运行中可能出现某种程度的重叠。

领导要素包含情绪控制、主动精神、调查信息、倡导、决策、批评。这六个要素对实施有效领导和协作都是至关重要的，同时，这些要素也构成了不同类型领导者的领导风格。

下面是对每个领导要素的描述，每个要素都包含七级不同领导方法的说明。我们在读这些说明时，请先问自己："我是否认识一个什么人，上司、同事或下属，是用这个方法来做管理的？"然后按这些说明对你适用的程度把它们分等级排列起来。比如，"7"表示每个要素中最能象征你领导风格的那个句子；"6"代表次一级的强度，依次而下，"1"代表最弱的强度，它是你最缺乏的那种领导方法。同时，对每个说明要从整体上考查，而不是对其中一些孤立的成分加以评价。

### 情绪控制

在实际工作中，当人们有不同观点需要表述时，分歧和矛盾就产生了。而解决矛盾的过程就是我们进行情绪管理的过程。矛盾既能产生分裂和破坏的后果，也可以是创造性和建设性的，这取决于人们处理矛盾的态度和方法。一个人如果能正视矛盾，然后采取行动加以解决，从而达到相互了解，他就会受人尊敬。如果没有能力处理矛盾，或者回避和掩盖它，就会被人轻视，甚至增加敌意和对抗。

A：当矛盾产生，我承认它，但是要重申我的建议的重要性，使别人从我的观点出发考虑问题。

B：我保持一种中立的立场，或者试图尽快摆脱矛盾。

C：当矛盾产生时，我为努力绕过它而变换和转移位置，避免正面与矛盾相遇。

D：当矛盾产生时，我试着找出一种令每个人都满意的立场。

E：当矛盾产生时，我为它寻找理由，以便解决产生紧张情绪的潜在问题。

F：当矛盾产生时，我设法将它除掉或者使我的观点取胜。

G：我避免引起矛盾，但当矛盾出现时，我试着平复人们的愤怒情绪并设法使他们保持团结。

**主动精神**

主动精神是在特定的行动上集中力量，用以启动尚未发生的事，或停止正在发生的事，或转变努力的方向。一个领导者既可以采取主动，也可以避免主动，即使别人期待他们采取行动。因此，主动精神是在行动时所做努力的特性和强度。

A：我作出努力，使其他人热情地加入。

B：我鞭策自己和别人。

C：我主动采取任何有用的行动，同时支持别人的努力。

D：我期待别人跟着我干，并对那些支持我的人给予肯定和表扬。

E：我通常是在别人请求我作出反应时，才会勉强付诸行动。

F：我设法保持一种稳定的步调，并把所做的努力限制在可靠的事情方面。

G：我主动采取那些对我最有利的行动，如果他们能帮助我获得所需的东西，我就帮助他们获得某种东西。

**调查信息**

调查使我们能够从其他人那里，以及其他资料中获得我们想要的信息。调查的质量取决于人们了解信息的彻底性，一个不彻底的人可能会忽视调查的需要。从另一方面来说，一个用卓越标准实施调查的人，可能是非常彻底的，他表现出对工作中所有信息的强烈兴趣。调查的目的是问有关系的问题，不想当然地行动。

A：我用询问而不是威胁的方法查出与我有利害关系的事情。

B：我期望别人提供可靠的信息，当他们这样做时我表现出欣赏。对那些不能提供可靠信息的人，我会冷淡地看待他们。

C：我征求并倾听不同的观点和想法，并设法证实各种情报的可靠性。我不断地将自己的想法和别人的想法进行比较，来验证我的想法是否正确。

D：我掌握情况以便确保我能控制工作的进度，并且对我所听到的每件事反复核对，以确保别人不犯什么错误。

E：我搜集那些表示一切正常的情报。为了协调，我不倾向于反驳别人的观点。

F：我会征求意见，以便了解别人在一个问题上的观点，这种情报可以使我知道自己的想法是否正确。

G：我很少提问，通常只用或多或少或闭口不言的方式同意别人的观点。

## 倡导

倡导就是采取行动，表明自己的意见、态度、信念和观点。一个人可能有坚强的信念，但是认为采取行动是有风险的。反过来说，一个人因为信念薄弱或没有信念，就可能不提倡自己的观点。另一个人可能拥护某种观点，仅仅是为了反对某一个人或者为了取胜。所以，一个人所持信念的强弱是一回事，他怎样提倡自己相信的东西是另一回事，后者表明他在和人交往时的领导风格。

A：我不暴露自己的真实意图，但是在有人提出问题时会给予回应。我很少透露自己的信念，因为这样就没有必要支持其他人。

B：我把别人想要或预期想听的事告诉他们。

C：我用一种试试看的方式表达自己的信念，并试图迎合他人。

D：我感觉表达自己的关心和信念很重要，我设法让别人知道我在想什么。我用改变原来想法的方式来响应那些更正确的观念。

E：我对自己的信念坚定不移，因为我知道自己是对的。如果别人反对我，我会想办法证明他们是错的。

F：即使在我保留意见的情况下，我也拥护别人的观点。虽然我知道什么是正确的，我感觉还是支持别人更好。

G：虽然我很少放弃自己的观念，但也允许别人表白他们的观念，这样我就可以了解他们，并帮助他们认识想法中的错误。

**决策**

利用资源来完成任务，是通过决策来实现的。决策可以是个人行为，只有领导者是最后的决定人；也可以委派一个或更多的人当代表；或者采用协作的形式，每个人都可以做决定并且共同执行决定。

A：我寻求用以维持良好关系的决策，我也鼓励别人在可能的时候替我做出决策。

B：尽管在做决策时我力求最后拍板，但仍然愿意倾听别人的意见。通过这种方式，别人从我的思想中获益，而且依然忠心于我。

C：我让别人去做决策或者听天由命。

D：我让别人宣传我的观点，同时，我可以采取说服或者间接地威胁以确保愿望的实现。

E：我寻找其他人可以接受的方式作决策。

F：我对那些制定出健全决策的人给予很高的评价，我力求从别人那里得到支持，并且为得到别人的理解和达成共识而努力。

G：我对自己制定的决策给予很高的评价，不管别人怎样评价，我很少受影响。

**批评**

有几种方法可以用来评价团队成员在努力达成目标过程中如何运作的问题。在这个过程中批评显得尤为重要，它意味着离开某种活动，或者中断这种活动后，我们有时间来研究它，并寻找可以替代的机会来改进工作成果，从而预见和避免任何产生不良后果的行动。如果不利用反馈和批评，那么未来的工作就不太可能有所改进。另外，依靠批评，我们可以从经验中学习知识，也能为更有效地协同以及通过其他人的努力完成任务提供基础。当批评顺利地进行时，就为使资源转变为看得见的结果扫清了道路。没有批评，人们只能盲目地工作；有了批评，工作就会做得更好。

A：我能精确地指出工作中的缺陷或问题，并且有了错误我就谴责。

B：当某些积极的事情发生时，我就给予鼓励并加以赞扬，但是避免说任何消极的话。

C：当我给其他人反馈的时候，希望他们能赞赏我的意见，因为这是为他们好。

D：我避免作出反馈，并且很少批评他人或自己的工作。

E：我使用批评来推动和启发别人，使他们继续做对我有利的事情，我倾向于把成绩不足说得轻一点，因为不足会降低人们的热情。

F：我提供非正式的或间接的反馈使其他人继续用适宜的步伐前进，如果我必须说些消极的事情，我还是倾向说一些积极的事情。

G：我鼓励双向的反馈，这样可以增强工作的动力，我十分重视评价。

## 四、领导的两个维度：对人和对事

在现实生活中，任务的成功完成通常离不开不同性格、不同技能成员的通力合作。虽然永远会有潜在冲突，然而互相理解，所有不同类型的人都能和谐相处，互助互爱。DISC 行为模式中有两个基本维度：对任务和结果的关心与对人的关心。这两个维度的组合会形成四类不同特质的领导，他们的关注点不同，如图 2 所示。

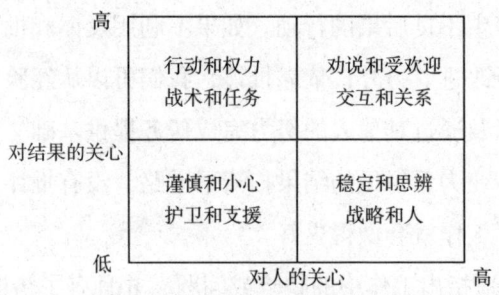

图2　不同类型领导的关注焦点

图2中,纵轴代表"对任务和结果的关心",横轴代表"对人的关心"。关心表示任何一种领导风格所依据的特点和强度。当两个轴交叉的时候,可以作出和激励有关的第三个维度,这个维度回答的问题是:"为什么我要做我正在做的事?"前两个维度都是从少到多,加号(+)是正极,它代表我们设法要做到的事情;减号(-)是负极,它代表我们设法要避免的事情。但第三个维度和它们不一样,呈两极分化趋势。

**对任务和结果的关心**

任务代表任何一种成果或结果。很明显,不同的人对任务关心的程度是不同的。与此相同,在同一个人身上,由于不同的时间,人们对任务的关心也是会有波动和改变的。因此,必须有一种系统的方法来表达关心程度的意义。

我们可以把对任务的关心看作一个程度大小的尺度。图3中,1表示一种很低的关心,一直到9,是一种程度很高的关心。

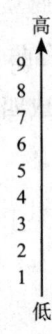

图3　纵轴表示对任务和结果的关心

在企业中，人们用各种不同的方法来谈论对任务和结果的关心，其中包括：结果、底线（实际结果）、绩效、利润，以及使命的达成。比如，一个领导者发现通过兼并能使组织得到新的成长，或者他们开始一个新产品的研发，这就是对任务和结果的关心。

对任务的关心，包括数量和质量两个方面，在下列情况下表现得尤其明显：决策的范围和健全程度，设想的数目，对组织其他成员或客户提供服务的质量等。

当工作可以测量时，对任务和结果的关心可以采取各种不同的形式，包括：对效率的测定，产品的件数，完成某一生产工序所需要的时间、销售量或可以测定的质量水平。如果在一家医院里，对任务的关心可能是就诊人数、诊断完成的数量、药品销售的数量、患者住院时间的长短。在一个政府机构里，解决问题的时间、正确处理公文的数量或邮件发送的时间等都是工作效率体现。在一所大学里，招生率、就业率、一个老师教授学生的数量、发表论文的数量是关注的重点。

### 对人的关心

如图4所示，横轴是对人的关心，包括我们日常生活中相互交往的人，上司、下属、同事以及客户。对人的关心也是从低到高分为不同的程度，1表示对人的关心极度欠缺，9表示很高的关心。

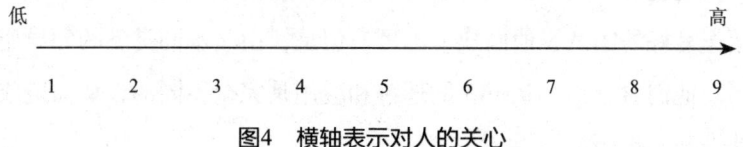

图4　横轴表示对人的关心

因为领导要和其他人一起完成工作，所以关于人的假设是：人对于工作有无成效具有决定作用。这个假设涉及：人是自私的还是利他的，是坏人还是好人，是难以捉摸的还是为人坦率的，是沉默的还是神秘的，是坦白的还是开朗的。人是指所有的人，包括企业、政府、教育机构、医疗机构以及家庭中的人。

对人的关心是通过许多不同方法显露出来的。有些领导者对下属非常关心，有些领导者对上司更为关心，还有些领导者试图兼顾二者以达到平衡。每个领导对人的态度都是不同的，或者强制服从，或者友好亲切，或者喜欢"挑错"，或者迁就和折中，或者采取谈判和交易，或者博得别人的承诺和理解，虽然情况不同，但都是对人关心的不同表现。

对人的关心还有一些特定的变化形式，包括工作环境、工资制度、小恩小惠、工作保障等，名目繁多、不胜枚举。不论对人的关心怎样表达，它都会引起不同的反应，包括：愤怒或冷淡，热情或积极参加，富有创造性或思想迟钝，乐于承担义务或无动于衷，对变革表示愿意承担风险或反对。

**领导的四种模式**

通过纵轴和横轴的组合，最终会形成四种类型的领导：

战术型领导者，即 D 型。一般喜欢发起行动，并希望充当监管人的角色，他们负责制定具体目标，决定行动的步调。

交互型领导者，即 I 型。利用自身的交际能力，为任务筹集必需的资金，推动任务的发展。

战略型领导者，即 S 型。总是默默奉献，愿意为任务贡献自己的技能特长。

护卫型领导者，即 C 型。愿意分析，制定各种操作流程和规则制度，提供后勤支持、设计、技术和质量管理方面的帮助，使任务圆满完成。

哪一种类型最重要？我们可以看出，没有所谓最重要的类型模式，对一个成功且运作良好的团队，他们缺一不可。但是，由于不同类型的领导所关注的焦点不同，他们对 A1、A2、A3 的理解和应用是完全不同的，从而造成他们领导力的缺失和不平衡。

## 五、不同领导类型的领导风格

"对任务和结果的关心"和"对人的关心"是以各种不同的方式互相交接的，每种交接方式都组合成一种领导类型。同时，每个领导都表达了对通过人来完成任务是如何考虑的。比如,一个领导非常关心任务完成的情况,但对人的关心却不够,这表明他仅仅对结果感兴趣。与此相反,一个领导非常关心人,但对结果的关心不够,这种结合表明他仅仅是为了让人快乐。图5反映了不同领导类型的领导风格。

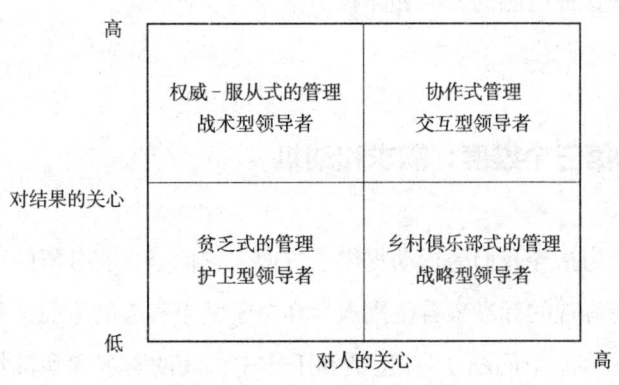

图5　不同领导类型的领导风格

(1)权威-服从式的管理。安排工作的基础是使各种人际因素的干扰降至最低程度,靠这种方式来获得工作效率。特别关注结果和具体的事情。

(2)协作式管理。工作成就来自自我献身精神,强调人和组织利益的一致性,组织和人、人与人要互相依存,从而建立信任和尊敬的关心。对结果和对人的关注程度都非常高,能够兼顾和平衡两者的关系。

(3)乡村俱乐部式的管理。对人们建立满意的相互关系的需要给予关怀,并引入一种轻松、舒适和友好的工作气氛,但仅仅是为了使人们高兴和快乐,并没有形成协作式的关系。

(4)贫乏式的管理。为了保持地位总是以最小的努力去完工作。对人和结果都缺乏足够的认识,崇尚单打独斗,尽量避免与人交往。

每个领导的风格都是与生俱来的,不容易改变,但在实际工作中,由于一些特殊的应激刺激,可能会引起领导风格的转变,比如,工作压力、职业需要、情绪变化、学习、家庭变故等。但是,在绝大多数情况下,这种转变是暂时的、非核心的,或者是表象的,一旦外力解除,他们特有的领导风格就会恢复。

然而，我们每个人都有一种天生的向成熟、完美和圆满发展的倾向。我们可以利用这种自我实现的过程，通过努力完善自己的领导风格，使自己的领导力趋向一种圆润、饱满、成熟和平衡的状态，最终升华为一种领导艺术。这种自我完善的过程就是"领导动力学"，它使领导力的提升成为可能，而"I型策略"就是实现这种可能的方法和路径。

## 六、领导的第三个维度：需求和动机

领导风格为指导我们的行动提供了方向，它们是自我分析的可靠依据，使我们能够用更客观的标准来看待别人。在关于结果和人的方面，我们的思想和感情会涉及这样一个问题："在生活和工作中，我的需求和动机是什么？"领导的第三个维度为理解个人的需求提供了基础，我们可以用它回答"不同类型的领导者，他们的个人需求是什么"？

通过这个维度，我们可以弄清楚不同领导者为什么会采取那样的行动，弄清他们所追求的合乎理想的正向需求（＋）是什么，以及他们害怕的负向需求（－）是什么。这个两极轴的中心点可以称作中立或舒适地带，在这里，既没有正向也没有负向需求。正是在这个地带，一个人可以把他们的行为看作当然的，它几乎是个人的"第二天性"。

需求的正极表示情况顺利，在这个区域，人们的感觉是积极的、开朗的、友善的。负极表示情况不顺利，遇到了威胁性的障碍，人们的感觉是防御性的，或者说是"带有面具性质"的扭曲体，他们的行为表现出封闭和倒退。正向（＋）行为在一个遇到麻烦或困难的人身上是不容易发生的；同样，当情况顺利的时候，负向（－）行为也是不大可能出现的。

有一点需要说明，无论是有利或不利的情况，都不会改变领导者的原始风格。换句话说，在任何一个特定的时间点，领导风格的暂时改变是由当时的情况决定的。图6描述了需求与四类领导风格是怎样相互交接的。

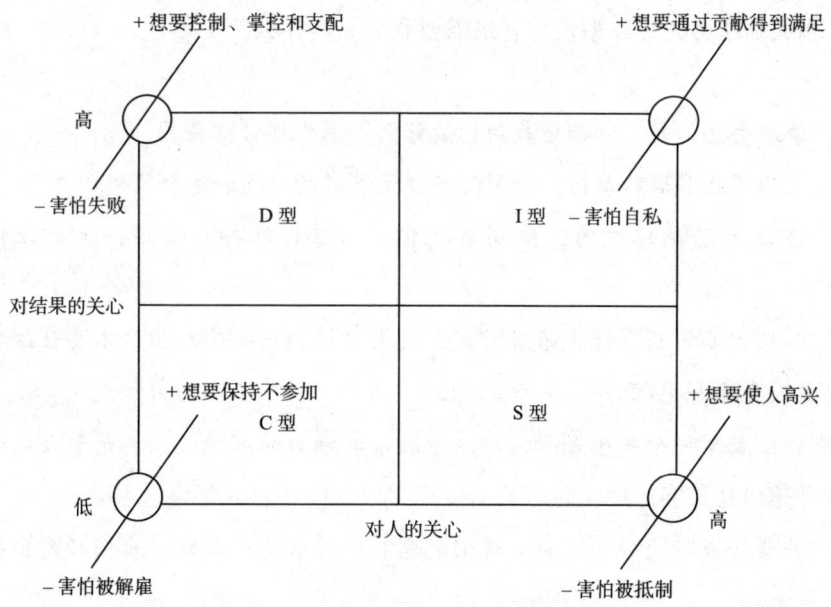

图6　领导风格的正向和负向动力

## D型领导者需要迎接挑战

D型领导者喜欢掌控，不喜欢被约束。因为需要控制权，D型领导者特别钟情于能带来非同寻常机遇的权力与地位。追求新奇是他们的动力，做别人没有做过的事，去别人没有去过的地方，这类事会让D型领导者激动不已、精神百倍。他们会尽全力挣脱一切束缚，实现目标。同时，也能有系统、有条理地工作，并确保自己掌握最高的控制权。这些有时会让D型领导者失去控制，走向偏执和极端。

D型领导者想要掌控和支配，同时他们非常害怕失败，在这种正向动力（+）和负向动力的共同牵引下，构成了D型领导者的需要倾向：希望迎接挑战。

为了提高我们的认知力，将心比心，更好地理解、接受D型领导者，使他们得到更好的职业发展，就必须明白D型领导者的需要模式。D型领导者总是期望能拥有掌控权，自由发挥，少受约束，他们喜欢随机应变，迎接挑战。

当面临压力时，D型领导者最需要我们做些什么？

"请坦白告诉我，你期望我为你做什么？不要拐弯抹角。"

"在指望我采取行动前，请留给我详细思考的时间和机会。"

"在我深思熟虑之前，请别打扰我。一旦我准备好交谈，我会让你知道的。"

"如果需要纠正，请先给我肯定，再来批评指点……，但请不要让这种批评变成人身攻击。"

"我们渴望一个其乐融融、洋溢着激情和活力的环境，而不是整天把时间花在讨论细枝末节，过度的形式上面。"

"并非一成不变……有时，我们也需要促膝长谈；有时，我们只想出去参加体能活动。"

"请先听我陈述，然后发问。如果我的嗓门过大，你可以当头棒喝。有时，我们需要这样。"

"我常常有点蛮横无理，而且嗓门粗大。我是无心快语，刀子嘴豆腐心，如果得罪了你，请别太在意我的话。"

### I型领导者需要积极的社交环境

不同模式的需要导致的沟通失误，是人际关系中最常发生的事情。我们往往将自己的需要模式强加于人，希望别人的回应符合我们的期望。倘若期望没有实现，我们会步步紧逼，结果只会更加令人失望：摩擦不断增加，冲突逐渐升级，关系日趋紧张。

I型领导者想要通过贡献得到满足，同时他们非常害怕自私，在这种正向动力（+）和负向动力的共同牵引下，构成了I型领导者的需要倾向：渴望积极的社交环境。

首先，I型领导者是群居动物，他们需要积极的社交环境，对同伴的感受和认可特别敏感，总是努力维持和谐的人际关系。被人拒绝和忽视的恐惧，是I型领导者生命中一股真实又无形的力量。期望I型领导者完全不受群体压力的影响是不现实的。为了正确应对这个问题，I型领导者需要我们的帮助，而不是批评和指责。如果群体压力不能影响 I 型领导者作出决定，他们就进入了真正的成熟阶段。

I 型领导者希望我们能洞察他们的需要是什么，希望我们为他们创造一个怎样的环境？

"当我们失败时，请接纳我们，给我们温暖的鼓励，使我们能继续走下去。"

"你们可以对我们坦诚相待，但我们必须首先得到你们的接纳。"

"我们知道自己需要条理和计划，但我们也渴望知道，我们能为你做什么使你们开心快乐。"

"倾听我们，用心感触我们，照亮我们的情感，帮助我们反思。"

"友善温馨的环境，使我们能最好地发挥；我们渴望自己的努力能得到感激。"

"如果我们犯了错，请把我们拉到一边纠正，请不要当着众人的面责备我们。"

"我们需要肯定，使我们能确信自己做对了。有时不需要语言，只要一个微笑、一次眨眼、一个拥抱就够了，我更喜欢拥抱。"

"让我们一起欢笑吧。让我们一起放飞梦想，无须顾忌批评与责难。"

"请给我们机会表达自己的心声。"

"我们热爱与他人沟通交流，激励他们。"

"需要读懂我们的心意，我们的心，一半是希望与人相处，共度好时光；另一半则是喜欢一个人独处，静思默想。"

"如果我们正面临人际问题，请听我们诉说，但不要因此对我们妄下结论。"

"听我们诉说，但在我们准备好以前，不要试图解决我们的问题。"

"有时我们需要独处，请不要认为这表示我们拒绝了你们。"

"愿意与我们一同欢笑，陪我们一起落泪。"

### S型领导者需要稳定的环境

S型领导者想要使人高兴,同时他们害怕被抵制,在这种正向动力(+)和负向动力的共同牵引下,构成了S型领导者的需要倾向:需要稳定的环境。

S型领导者需要温馨的环境,而非充满敌意的气氛,肯定与鼓励能让他们作出最好的回应。

以下是S型领导者的心声,倾听他们的需要,能让我们知道如何更好地回应他们。

"在我们作出决定前,请给我们时间充分考虑;在我们作出决定后,请给予肯定与支持。"

"如果你们想纠正我们,请永远不要采用对峙的方式,我们不能接受这种方式。我们喜欢更平和的方式,我们需要朋友,而不是敌人。"

"给我们时间和空间,使我们能享受和平与安宁。我们需要时间考虑和消化问题。"

"我们需要肯定与接纳。假如我们犯了错误,请平和地为我们指出。给我们时间仔细思索如何纠正自己的缺点。"

"给我们充足的时间,列出你们的期望,然后放手让我们去完成。请真正关心我们的感受和观点。对我们来说,完美并不是最重要的因素,请务必接纳这点。"

"与我们不并肩携手向前,请理解并支持我们,但不要一手包揽,想替我们解决问题。当压力特别大时,请给我们'停机'的时间,好让我们能稍稍逃离一会儿,喘口气。"

"来自你们的一声鼓励和肯定,足以胜过千言万语。"

"在特定的场合,我们常常感到困惑,不知道自己的感受到底是什么,所以请耐心对待我们,引导我们敞开心扉。"

"发挥你们的幽默感,让我们笑一笑,轻松一下,然后开口提出棘手的问题。请肯定我们的工作和努力,无论是口头的还是非口头的,得到你们的肯定,足以使我们心满意足。"

"让我们通过思考解决问题。有时，我们会辞不达意，在我们试图解释自己的计划时，请对我们有耐心。"

"我们知道自己有时很鲁莽，特别是在受到压力时，请发挥你们的幽默感，让我们一笑了之；请别在这时攻击我们。如果你们不幸这么做了，我们的反应通常会让你们后悔听到。"

"在压力下，我们会变得非常莽撞。请给我们时间和机会梳理心中的乱麻，然后我们可以促膝长谈。"

"请给我们思考的时间，虽然在你们看来，也许我们显得无所事事。我们需要摆脱压力与干扰，好好反思，重新获得力量。"

"我们不善于表达情感。请允许我能略显笨拙地表达想法，而不要批判这些想法。"

## C型领导者需要安全感

C型领导者想要使人高兴，同时他们害怕被解雇，在这种正向动力（+）和负向动力的共同牵引下，构成了C型领导者的需要倾向：需要安全感。

为了更好地回应、理解并扶持C型领导者，使他们得到更好的职业发展，就需要理解他们的独特需要。C型领导者在井然有序、责任明确的环境下，能作出最好的回应；在敌对和不断变化的环境中，他们会变得格外谨慎，瞻前顾后，忧思多虑。

大致来看，C型领导者所需要的激励环境与S型领导者的需求非常类似。两者都安于现状，排斥改变，渴望安全感和稳定性，获得集体的认同。不过C型领导者对结果和人都不关心，而S型领导者非常关心人。S型领导者是群居动物；而C型领导者更喜欢离群索居，单打独斗。这种本质上的不同，会使两者的需求存在巨大差异。

与其他领导者一样，C型领导者在压力之下，也会产生消极想法和做出极端行为，这时他们最需要我们做什么呢？

"请仔细聆听我们的话，我们需要知道你们愿意倾听，但我们并未要求你们全然理解我们的逻辑。"

"让我们独自一个人安静思索,直到我们愿意打破沉默。我们需要时间分析判断所有的信息。"

"要耐心回答我们的疑问,我们需要时间分析你们的回应,请理解我们。假如我们反复核对你们的答案,这并非意味着我们不信任你们,我们只想万无一失。在我们的思维中,信任,但不能放弃审核。"

"我们需要宽容与忍耐,体谅与鼓励,请温柔又坚定地支持我们吧。"

"在我们听取你的观点后,请让我们独自沉思,自由咨询其他人的意见。"

"请给我们时间适应变化,告诉我们变化的理由。"

"我们需要鼓励、肯定、赞赏,需要稳定、可靠又井然有序的环境。"

"接纳、饶恕、诚实并合乎逻辑思考的环境,是我们所需要的。"

"我们的头脑中往往同时考虑几个问题。我们常常对情感问题困惑不解,束手无策。请温柔耐心地对待我们,不带批判地回应我们。"

"让我们倾诉自己的心声,但不要因此给我们贴标签,请以耐心对待我们。"

"帮助我们重新聚焦于自己的思绪,让我们有事可做;请向我们保证,在需要之时,我们会得到你们的援助。"

## 七、不同类型的下属

下属的行为风格和上级的领导风格是平行的,它是从下属的角度来考察不同领导风格的有效性的。纵轴是"对任务和结果的关心",横轴是"对人的关心"。每一个维度都有一系列不同的等级划分,从1到9依次增强。根据这两个维度的组合,形成了四种主要的下属类型,每种都有其独特的同上司交往的方法。图7展示了这四种类型的下属。

**固执己见的下属**:任何上司都不能控制我。我证明自己是对的而上司是错的,这样可以迫使别人按我的思路去行事,并受到别人的尊敬。

**寻求解答的下属**:我明白生产的目标,也关注协作的重要性,这会导致较好的结果。同时,我对做出贡献感到满意,别人也有相似的满足感。

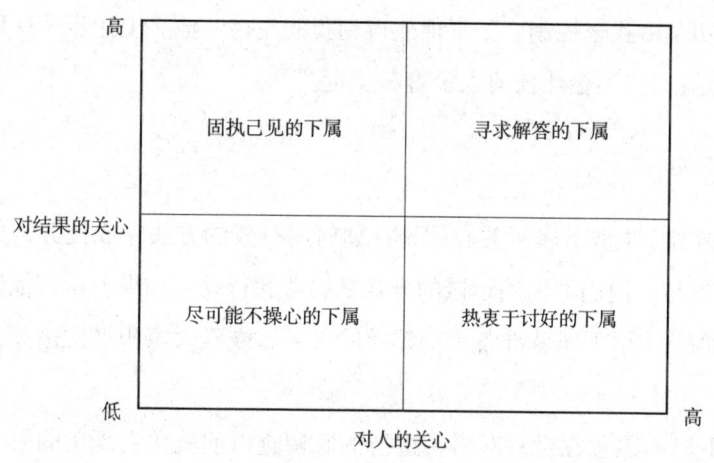

图7 下属类型

热衷于讨好的下属：我必须做上司所要求的事情，这样他就会喜欢我，有时我答应做超出我能力范围的事，是因为我实在不能说"不"。

尽可能不操心的下属：我尽可能避免积极参与，并且要装作很忙的样子，使别人不来打扰。一个上司往往意味着麻烦，我只干最少的和必须完成的工作来混日子。

## D型下属

D型下属主要关心如何完成自己界定的任务，他们对上司的关心极少。D型下属同上司交往时，他们的假设是什么呢？他们有一种强烈的欲望要告诉上司"某项工作应该怎样去做"。反对意见都被他们立刻拒绝，如果别人提出相反的观点，D型下属往往听不进去，因为他们正在思考一个反驳论点。这样的下属会贬低别人的观点，强调自己对事实的陈述。这种讨论容易造成非赢即输的局面。

D型下属总认为自己是对的，别人是错的。对他们而言，"必须证明自己，别的事都不重要"。D型下属要求上司承担义务，并提供证明他们意见更为合理的证据，但是，这个下属却对上司所说的一切不予重视。

D型下属往往对上司表现出一种"不耐烦的容忍"，他们可能会说："他想让我照他的方法来做事，但我会使他相信，我才是对的。我会告诉他，这个任务是否成功全由我来控制。如果他想得到我的支持，他必须让步。"D型下属的态度通常是："我不会让任何人牵着鼻子走。"

### I型下属

在工作中，I型下属所关心的是：如何用有效的方法完成任务，如何让其他人积极参与。他们习惯用坦诚的方式来思考和行动。如果上司与他们的波长不一样，那么I型下属就准备承担领导的义务，鼓励大家积极讨论并快速解决问题。

I型下属不愿意在没有对事实进行彻底调查以前就接受既定的限制。虽然处于下属的地位，他们却不愿意违心地屈从上司错误的想法。虽然在一定程度上，按照规定的条件工作是必要的，因为下属不能解雇自己的上司，但是，I型下属坚持营造一种解决问题的气氛，而不是互相迁就或敌意的工作状态。比如，他们会公开调查和批评，正视矛盾，以确切的信息为依据，积极鼓励，遵守共同的目标，以及寻求最健全的决策。其他人往往被I型人所表现出的那种领导魅力所吸引。

### S型下属

S型下属对完成工作并不关心，但是他们会设法巴结讲究实际的上司，因为他们有讨好别人的欲望。如果上司也不关心任务和结果，那么双方的结合可能导致生产率的下降。因为双方的主要精力都集中在与工作无关的活动上。

I型人认为，良好的工作关系是进行生产的先决条件。所以，他们最关心的是"如何建立和维持一个友好的工作气氛"。I型下属避免矛盾并且试图掩盖矛盾，他们的行为往往妨碍工作的顺利进行，而且对团队间的有效合作也会产生负面影响。因为他们不能处理真正的问题，也不能解决那些影响工作进度的问题。

当发生意见分歧或矛盾时，I型下属就会让步，他们害怕被拒绝、被抵制、被排斥。I型下属追求的目标是发现上司想要什么，然后就去做这件事。

### C 型下属

C 型下属除了想得到和保持职位以外，对工作和上司都不关心，他们靠别人干活。当要求相互影响时，他们是表面的，因为顺从比抵抗安全。

C 型下属的工作态度是：找到阻力最小的途径完成工作，并避免麻烦。为了避免同上司发生矛盾，他们会完全遵照上司的指示办事，很少提出不同意见。如果事情不能按计划完成，这个下属就能置身事外，将责任推给上司，因为他们仅仅做了上司要求做的事。

C 型下属很少询问与团队工作有关的事，也很少对一个问题提出自己的见解。他们的目的是避开任何矛盾和不确定的事情，一般他们都躲在别人的阴影里，成为一个影子，做到在场而不被别人发现。

## 八、领导动力学的价值

人们在工作中使用的领导风格可能是复杂的，可能呈现出正向（+）动力，也可能表现出负向（-）动力。比如，一个 S 型领导者可能愿意选择让步和服从，但是在压力过大时也可能呈现 D 型领导者那种顽固和苛求的风格。另一种可能是，一个喜欢权力和控制的领导者可能会遭到反对，为了避免冲突，他们会转向 I 型领导者协作管理方式，通过合作解决问题。但是各个类型领导者的主导风格是固定的，他们转向的只是后备风格，或者说是"面具风格"，一旦外力解除，他们就会重新反弹回自己的主导风格。

### 影响领导风格的要素

影响领导风格的主要要素有以下六个：

（1）组织文化。实际上，组织文化是由许多文化组成的，包含着一个组织中所有成员之间的全部相互关系。文化可以发展或抑制一个人持有的假设，从而对领导风格和行为产生影响。比如，某些组织有严格的规则和条例，它们抑制了人们的行动方式，或许会强制人们改变或修正原来的方式。

（2）价值观。一个人的假设是同他的价值观、信仰或理想一致的。每一种领导类型都有对应的价值观。比如，D型领导者重视成果，I型领导者崇尚通过鼓励和充分发挥人的潜能取得成功。一个人重视什么，就会形成对应的领导风格。

（3）童年经历。一个人的领导风格与童年经历密切相关。由于早年生活经历不同，某种领导方式可能被过多采用，最后变成主导性的领导风格。

（4）人格特质。人格是各种心理特征的总和，包含气质与性格。它是个体的一种内化、特有与稳定的心理结构。人格特征是领导风格的重要来源之一，它是我们内生性的一种自我特质。通常情况下，人格有四种类型：影响型、掌控型、谨慎型、稳定型，每种类型都会影响我们领导风格的形成。比如，影响型会形成交互型领导者（I型），掌控型会形成战术型领导者（D型），谨慎型会形成护卫型领导者（C型），稳定性会形成战略型领导者（S型）。

（5）依恋类型。依恋是我们内生性的一种情感特质。这种情感联结会成为我们建立与父母依恋关系的基础，也会成为我们发展未来工作关系的基础。依恋有四种类型：安全型、痴迷型、恐惧型和疏离型，每种类型都会影响成年人的性格，包括领导风格。比如，安全型会形成I型领导风格，痴迷型会形成D型领导风格，恐惧型会形成C型领导风格，疏离型会形成S型领导风格。

（6）选择缺乏。通常我们的行为是由我们早年采用的假设来指导的，当时没有考虑这种行为可能带来的后果。确实，当时我们的信念系统告诉我们"这就是正确的选择"。当我们的领导风格出现问题时，我们的行为就是不健全的，然而在我们发现新的假设来指导行为以前，我们的领导风格会由过时的规则来控制。

### 领导动力学的价值

"领导风格"是领导动力学的核心，"I型策略（关系策略）"是领导动力学实现的路径。应用领导动力学的框架作为树立卓越领导的理论基础，可以带来很多价值。

（1）全面。动力学框架包括在一个组织里怎样和别人协作的重要方法。

（2）比较。动力学理论使我们对每一种类型的领导者之间的相似和不同的地方进行比较。如果发现有可以提升自己领导力的方法，我们可能作出改变。

（3）后果。动力学方法使我们能够评价行动的后果，包括生产效率、创造性、满足感等。然而我们可以问自己："这些是否是自己想要的结果，或者还有没有其他的方法可以提供更好的后果。"

（4）主观评价。动力学本身就是一个健全的方法，它使我们对"什么是有效的领导"作出不同的结论。

（5）共有的概念和语言。因为动力学提供了一种为思考和讨论领导所需要的标准语言，所以它促进了组织成员间关于怎样才能最有效地实施领导力的讨论。

（6）组织开发。动力学提供了组织开发的基本模型，使组织发展成为一个包含领导力，并促进团队成长的系统，使我们能够考查 A1、A2、A3 之间的关系。

（7）选拔、培养和评定成绩。动力学一旦被人们了解，不仅能提升领导力，也能作为选拔、培养和评价员工的方法。它为合理利用组织资源提供了基础。

（8）广泛的适用性。动力学对任何一类组织都适用。适用于商业、工业、政府、教育或公共组织；为各种教育程度、组织层次、经验水平的人所使用；适用于不同规模的组织；不受文化差异的限制；适用于理解各种人之间的关系，比如，家庭生活、儿童教养和其他社会机构的关系，也就是说，凡是需要通过关系来解决的情况，动力学都适用。

领导动力学是一个改变行为的有效工具，因为它能把我们的注意力引导到有效的行为上来，使我们把自己和其他人的行为和假设联系起来，也和行为所引发的后果联系起来。我们开始理解为什么自己会有这种行为。这是领导动力学促进变革的伟大力量，因为只有在获得这样的洞察力和认识以后，我们才能采取更有建设性的行动。

# 第1篇
# 战术型领导者

# 认识D型领导者

描述一个D型定向的领导者要用许多单词和语言。没有单个的词语或单个的短语可以精述整个内容，但是作为一个单词和短语的组合，可以给人一种用日常的语言如何描绘这种领导行为的概念。图1-0-1列举了描写D型领导者行为的那些特点的词语：在直线的尖端以朝向正向动力的强烈驱动开始，再向下扩展，通过一个中界点，以描述负向动力的单词和短语为终结。

+控制、掌控和支配的愿望
支配
最后通牒
威胁
黑或白
嘲笑
没有基本原理
既成事实
与人们隔开
顽固、难以对付
强迫人拼命工作

D型领导者

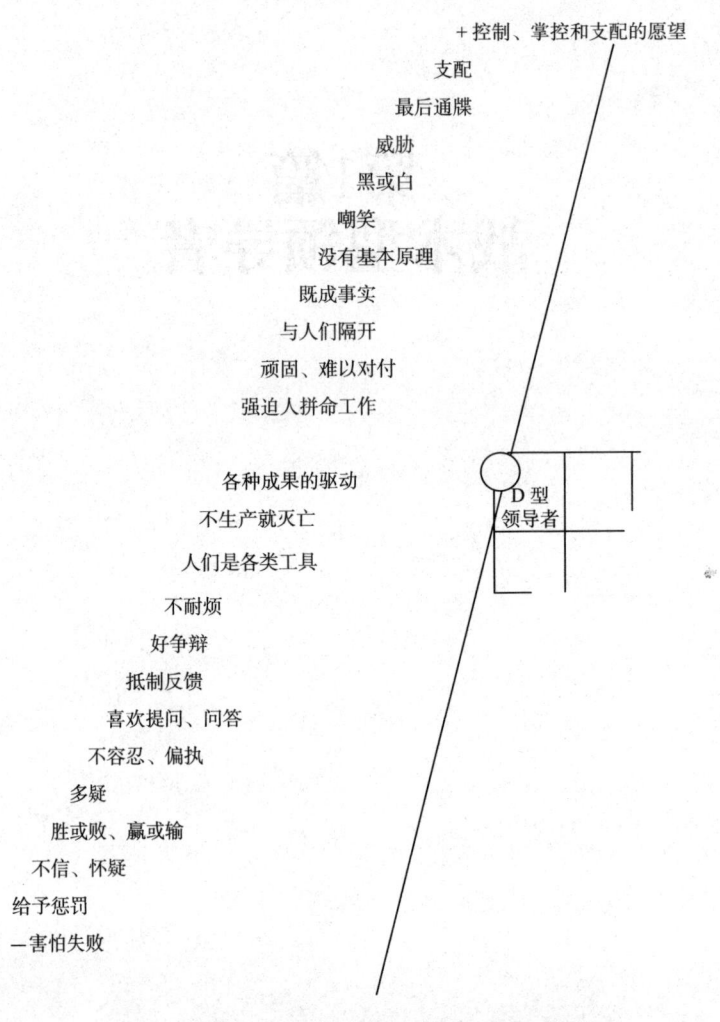

各种成果的驱动
不生产就灭亡
人们是各类工具
不耐烦
好争辩
抵制反馈
喜欢提问、问答
不容忍、偏执
多疑
胜或败、赢或输
不信、怀疑
给予惩罚
—害怕失败

图1-0-1 描述D型领导者领导风格的单词和短语

D 型领导者的领导风格描述了一种坚强的领导理论，依靠这种理论，可以获得各种成果。这种领导风格在短期内或许可以工作得很好，只要这位上司或老板是正确的，即使这种领导风格不能使别人参与到这项事业中来。但是，当这位 D 型领导者是错误的，除了使下级人员"失去兴趣"，这种领导风格还会面临这样一种不幸的结果：排除了下属们蕴藏着的具有决定意义的投入。

D 型领导者的领导风格流行着许多变种，而"强硬"的是 D 型领导者最为显著的特点。切记这样一点：D 型领导者的领导风格会以较微妙的形式显示出来。关键在于考查这种领导行为关心各种成果的程度，这方面的关心程度是高的；考查他们关心人际关系的程度，这方面的关心程度是低的。

D 型领导者所缺少的是把对人际关系的关心和对任务的关心结合起来的知识、技巧或动力。因为 D 型领导者是以这样一种假设为基础：在对人的关心和对任务的关心两者之间存在固有的矛盾，因此，D 型领导者变成了一种黑与白不能平衡兼顾的思维定向，在这种定向中，为了实现对一种（任务）的关心，对另一种（人）的关心就必须放弃。

D 型领导者一旦察觉这种领导风格在对其他人的影响方面，并扩展到对长期成果的影响方面所产生的种种后果时，他们就会处于一种良好的状态，可以对他们原先所持的关于怎样与别人一起工作的基本假设加以重新考虑。这一点在下述情况中显得尤为正确，这就是：D 型领导者认识到，通过获得那些为现实组织目标作出贡献的人的信息投入、理解和承担义务，人们甚至可以达到更高的生产率。

# 第1章 思维定向：行动、掌控与战术

D型领导者"行动、掌控与战术"的思维定向可以这样定义：为了改善自身状况而做出各种巧妙且明智的行为。无论是为了快速有效地推进事业而做出的决定，还是为了使事业变得更加完美而付出的努力，总之，任何有利于自身行动的行为都是行动素质作用的结果。

和所有人一样，D型领导者也希望上级或下属能对自己的才干表示欣赏，而且只要稍加留意，我们就能发现D型领导者的"行动定向"。的确，行动定向是四种思维定向（行动、交互、思辨、支援）中最直观的一种，具体明晰，便于观察。造成这一现象的原因在于，行动是一种战术，是一种即时、具体的谋略和技巧，战术往往随着行动的发生随时随地出现在工作现场；而支援和思辨定向则较为抽象，通常都发生在幕后，难于察觉，不为人知。

受行动定向的影响，D型领导者的核心能力是对战术成功的运用，这种高超的战术思维使D型领导者具备极强的谈判思维和适应思维，总是随时随地关注现实情况的变化，然后聚焦目标，以便抓住时机，随机应变，实现既定目标。

## 1.1 谈判：通过谈判解决问题——卓越的谈判专家

D型领导者能够轻松地与各种类型的人进行谈判，是天生的"谈判专家"。当然，能够反映他们这一特点的名称还有很多，例如"排解纠纷的人"或"作战指挥官"。D型领导者善于息事宁人和消除矛盾，并且能够游刃有余地化解各种危机；在同样的情况下，其他类型的人要想解决问题往往需要大费周折且耗时费力。这种谈判风格是对行动力做出的最好和最有力的诠释，任何有益于解决问题的方式都可以被D型领导者采用，并且会立刻投入使用，至于有关过去和未来的事情，一切都存在商量的余地，只要能够解决当前的问题，即使牺牲对过去的反思和对未来的规划，也在所不惜。

D型领导者善于排解纠纷，态度坚定，胸有成竹，自信满满，完全能说服他人加入到自己的事业中来，听从他们的决定和指挥。即使他们对自己的决定或行为稍有怀疑，D型领导者也绝不会将这种不自信和疑虑的情绪传染给身边的人。

D型领导者的这种自信与他们强烈的现实观念密切相关。相对其他类型的领导者，D型领导者的目光格外犀利，任何现实情况的变化都逃不过他们的眼睛。或者说，他们比其他人更加贴近现实；当面对问题或矛盾时，其他人往往在不知不觉中将自己禁锢在自我观念中，D型领导者却不会受这种局限。

很多时候，其他人大都倾向于戴着有色眼镜来看待问题，习惯、出身、学历、家庭，或者情感、取悦他人的需要，这些五彩斑斓的眼镜恰恰会让原本清晰可见的事实变得模糊不堪，成为束缚他们的枷锁。善于谈判和说服的D型领导者却从来不会让这些有色眼镜干扰自己的视线。当他们身处困境时，D型领导者不会像个不经事的孩子，迷失在茂密的森林中；相反，他们更像一只狡猾的狐狸，时刻留意自己的脚步，寻找走出迷雾的机会和方法。D型领导者也绝不会让任何观念或事物阻挡自己前进的步伐：流程、制度、政策、战略、计划、协议，这些都不能阻碍D型领导者实现目标的行动。在善于谈判的D型领导者眼中，任何事、任何人都有商榷的余地。

坐在谈判桌前，其他类型的领导者也许会在陈述自己的某些观点时有所保留，或认为某些自己做过的事情没有任何商议的余地，他们会先入为主地设定自己的立场和谈判条件，例如在谈判中讨价还价的筹码。他们在心里打着自己的如意算盘，期盼能够以少量的牺牲换来自己想要的谈判结果。D型领导者不会这样做，他们既不会因为某些限制而投鼠忌器，也不会对任何情况和事物有所保留。D型领导者会在仔细审视藏在壁橱中的物品后，大方地说道："嘿，看看这些东西，真不错，让我们来谈谈如何处理它们吧。"这种对现实的敏锐观察力往往使D型领导者在谈判中占据了天时和地利，使对方看起来像个班门弄斧的学徒。许多优秀的企业家、军事家就是善于谈判的D型领导者，他们的说服力成就了自身的事业。

## 1.2 应变：灵活运用生存战术——危机解决专家

在灵活运用生存战术方面，D型领导者高超的应变能力同样无人能及。当然，D型领导者的应变能力并不限于拓展市场方面，当遇到危机时，D型领导者同样能够帮助企业化解危机，成为"危机解决专家"。

D型领导者从来不会让过去的事情成为束缚自己的枷锁，并且总是能够从新环境中找到机会。无论从哪个方面来说，D型领导者都显得实际和现实。当他们处理各种具体问题时，只要能够解决问题，D型领导者都愿意尝试任何方式方法，愿意做任何事情。他们不仅拥有敏锐的观察力，而且无时无刻不在观察周围的动向，所以，D型领导者总是对组织内的各种实际情况了如指掌。他们能够从细微处观察社会关系网，还能准确掌握其中的运作方式，这种观察日复一日，无时无刻不在运转；D型领导者还能够觉察出工作中的问题和错误搭配，然后采取对策逐个击破，设法纠正和弥补。在D型领导者的领导下，组织中的所有工作都会按照一种有效和经济的方式快速地运行。当遇到危机和问题时，D型领导者不会与系统作无谓的斗争，相反，他们会最大限度地利用手头的资源使工作步入正轨。

此外，身处团队核心位置中的D型领导者还能激发团队成员的才能，这也是其他类型领导者无法做到的。在D型领导者的推动下，任何事情都可以办到，他们最善于口头安排工作以及在现场做决定；他们不喜欢甚至反感各种常规性的书面工作。这些"危机解决专家"能够防微杜渐，坚决将一切可能出现的问题或阻碍工作进展的障碍消灭在萌芽状态，解决这些可预见的危机。因此，在D型领导者的运作下，组织中所有的工作都处于平稳运行的状态，他们的工作效率高，而且十分关注团队成员的工作条件和工作满意度。D型领导者有一种天生的责任感和保护欲望，他们绝不会任由自己的员工在不必要的艰苦条件下工作，所以，D型领导者往往都很关心下属的福利，并尽其所能，利用各种方法，努力提升员工的工作满意度，当然，这一切都是为实现目标服务的。当D型领导者意识到赞赏可以为自己带来丰厚的回报时，他们就一定会将自己对员工的欣赏表达出来。事实上，D型领导者对员工的赞扬可能显得过于频繁，而且有的称赞也许显得有些名不副实，但这的确是一种增强员工归属感的行之有效的策略。作为团队的核心，D型领导者往往会在下属尚未完成工作之前就对他们大加赞赏，鼓励他们为工作投入更多的时间和精力。因为D型领导者知道：即时的赞赏比最后的表扬更能激发员工的工作热情，得到的回报也更多。许多企业家就是运作这些策略成功解决了企业的危机，化解了错综复杂的人际关系，使企业恢复常态、走向了正轨。

## 1.3 聚焦：关注任务，聚焦目标，直击事物的本质

D型领导者关注任务，聚焦目标，这种能力往往使他们能快速抓住事物的本质，集中精力，排除干扰，取得成功。

D型领导者不喜欢别人对自己的工作指手画脚，而标准的工作流程往往会让他们感到焦躁不安，失去耐心。D型领导者更愿意按照自己的意愿行事，他们会时不时地忘记早已商定的工作方案，或是没能及时将自己工作中的失察告知别人，而这种率性的冲动会使他们的对方或下属感到不悦。D型领导者的粗心大意也常常会激怒身边的工作伙伴，有时候，他们还常常不按要求做准备，使团队成员不得不应付意料之外的尴尬场面或难题。有时，D型领导者明明向对方做出了承诺，最终却没有兑现。对于那些指望他们兑现承诺的人而言，D型领导者这种言而无信的行为给他们带来的困扰自然可想而知。

D型领导者为了专注目标，往往不太愿意处理那些琐碎的交际事宜，而且还经常否定自己以前做出的但尚未实现的决定。因为，他们聚焦现在，将全部精力都投入到了此时此刻、当下当地所发生的事情中，因而常常忘记之前做过的承诺和决定。对D型领导者而言，昨天已经一晃而逝，与昨天有关的记忆也随之被忘却，唯有当前的需求才享有压倒性的优先权。由于受到这种力求生活在"现在"和"这里"的聚焦模式的影响，在他们的对手和下属眼中，D型领导者常常显得有些难以预测和捉摸不定。另外，在无须进行危机管理的时候，这种类型的领导者又会固执己见，而且领导模式过于单一和僵化。但这种聚焦

能力在很多时候会给D型领导者带来意想不到的收获，因为商场瞬息万变、企业管理复杂多样、员工的心理多种多样，为了企业的生存，必须要聚焦现在，集中精力做大市场份额。D型领导者有句口头禅，"没有生存就没有发展，为了生存就要做好现在"。

## 1.4　适应：能够轻松自如地适应任何新环境

撰写目标计划或阐述基本观点和原理，往往会使D型领导者失去耐心。他们宣称"这些都是毫无意义的工作，浪费时间，损耗资源"。D型领导者自身的灵活性很强，能够随时调整对自己的要求或对别人的期望。D型领导者大多思想开明，对他们而言，转变自身观点并非难事，一旦下属提出了比自己更详细和精确的建议，只要有利于目标的实现，他们会立刻做出回应。因为D型领导者完全能够轻松自如地适应任何新环境。所以，在D型领导者的带领下，各种针对组织内部改革的方案总是能够得到顺利平稳的实施。事实上，D型领导者一直都在寻找变化的机会，他们从来不会浪费时间和精力去思索改变之道，D型领导者的改变都来自于行动本身，只要对目标实现有好处，就可以转变。

面对危机，D型领导者清楚地知道哪些事情是可以改变的：程序、规则以及人员。他们喜欢承担风险，喜欢面对挑战，喜欢不确定的环境，也喜欢涉足危机管理。当D型领导者帮助企业解决了难题，或使一家公司免遭破产的厄运，或使一家企业摆脱了财务危机时，D型领导者往往会显得异常兴奋和精力充沛。

不过，我们不妨试想一下另一幅场景：让D型领导者参与并维持一家企业的运作，或者让他们经营一家业绩良好的公司，或让他们保持公司现有的运作状况，同时为公司设计经营目标和管理规则，并强化员工的责任感。对这些工作，D型领导者不仅没有兴趣，反而会成为"麻烦制造者"。有些D型领导者可能会在工作中搞出一些恶作剧，从而为自己创造实践行动的机会。他们就像无所事事的消防员，为了能让自己大展拳脚，甚至不惜成为纵火犯。这就是试图让这些"纠纷解决者"安于现状所付出的代价。安逸稳定的工作根本无法让D型领导者体会到工作的乐趣，因为他们感到这种工作毫无意义，根本不值得他们施展自己的才能，简直是在浪费时间。久而久之，他们自然觉得百无聊赖，等到这时，他们很可能会没事找事，自找麻烦，使企业陷入危机，反而成了"危机制造者"。

我们看到，无论企业的规模大小，都需要D型领导者来化解危机。可是，一旦危机解除，D型领导者应当随即离开现在的工作岗位，转向处理新的危机。让他们从事那些违背自己领导特质的工作，无论对D型领导者自己而言，还是对公司来说，都是有百害而无一利的决定。作为D型领导者的上司，我们应当确保他们工作的机动性，把他们放到合适的工作岗位上，并尽可能安排他们从事处理紧急或突发性的工作，最大限度地发挥D型领导者灵活多变的适应能力。

当然，对于那些因为种种原因不得已留任，并主管公司内部某项特定工作的D型领导者，决策层应该如何使用呢？答案是：给D型领导者配备一支性格互补的团队，以确保各项工作的顺利开展。

一家企业销售部门的总监是一位D型领导者，在人力资源部的建议下，经营层为这位总监配备了一支性格和能力互补的团队：

（1）善于分析和合作的谨慎者（C型）。负责制定和管理各项规章制度，同时保障各类物质和资源的供给。C型人可靠而且值得信赖，他们不仅能及时提醒D型领导者有关会议预约和最后期限之类的信息，还能协助"健忘的"D型领导者按时设定各种常规日程的时间和地点。

（2）善于个人发展、鼓励和人际协调的影响者（I型）。I型人懂得如何保持和谐融洽的人际关系，还特别善于沟通、协调和鼓励，以提高团队内高昂的工作士气。

（3）负责市场研究和规划的稳定者（S型），S型人擅长思考常常被D型领导者忽视的长远规划，并能专心致志地书写各种计划和流程，以备将来使用。

一旦有了这样一支性格差异、优势互补的团队，善于谈判和化解危机的D型领导者就能高枕无忧地继续施展自己行动和战术的优势，将其他流程和日常性的工作交给团队成员去完成。这样，在这个团队中形成了一个"双赢"的局面，公司获利，他们的个人价值和优势也得到了体现。

D型领导者的思维盲区与其他三种类型的人不同，他们的领导力短板恰恰就是上面四种思维定向的负向反映。谈判思维可能会变成顽固的狡辩，应变思维可能会使他们变得过于现实，聚焦思维可能会使他们过分看重眼前和局部，适应思维可能会变成随波逐流。这些思维盲区都会影响D型领导者领导风格的正常发挥。

总之，作为一名行动型领导人，D型领导者通常都有耐心且思想开明，他们性格坚韧，工作方式灵活多变，适应力高，目标感极强，能够适应和处理各种不利的局面。D型领导者从来不会把任何可能出现的失败，自己的或别人的，当成一种威胁，所以，D型领导者乐于承担风险，并且常常鼓励团队成员也这样做。伴随着各种新的事实和境况的出现，只要有利于目标的实现，D型领导者可以随时改变原有的观点和立场。在他们看来，这样做并不会对自我形象造成任何威胁。因为他们是"积极行动"的倡导者，是"活在当下"的最好诠释者。

# 第2章　领导风格："别担心，没有解决不了的问题"

D型领导者高度关心生产而对人的关心不多，他们总是依据这样一种假设：组织对各种成果的需求与人们的各种需求之间存在内部矛盾。因此，为了满足组织的需求，人们的各种需求就要牺牲一些。这种领导风格的另一种信念是：只有当人们按某种方法被控制和被指导的时候，各种生产目标才能达到，这种方法就是强制人们去完成必要的任务。因此，D型领导者崇尚"权威—服从"式的管理。

D型领导者是一个严格的监工，他们知道如何使工作顺利完成。D型领导者唯一关心的是短期目标，这个目标就是获得各种成果，这种领导风格过度放大了结果，而忽略了关系的重要性。

D型领导者的管理理念是：工作是以结果导向安排的，各种人员是被雇用来执行上级命令的，必须排除对下属需求的考虑。在D型领导者看来，严密的管理防止了"人际因素"对圆满和有效完成任务的干扰。当人们按给予他们的指示来工作时，各种成果就可以获得，从而不必浪费时间去解决各种冲突和争执。D型领导者的座右铭是"不生产就灭亡"。

我们从一个不同的角度来考察D型领导者。每个组织成员的智力，作为100%取得的资源，是需要对应获得的成就作出贡献的。很不幸，D型领导者只提供这种潜在智力的一个有限数量，下属总是被驱使着去接受任务。

D型领导者很难吸引人们的合作、参与或承担义务，但是这些人往往是被人们期望来完成任务的，特别是当各种问题是在D型领导者与下属的关系之间发生时，即使有各种资源，D型领导者的这种领导风格或许也会妨碍成果的输出。因此，了解D型领导者的领导风格就变得异常重要，不仅对D型领导者自己，对其他可能与D型领导者发生关系的人同样重要。

## 2.1 需求：要求控制、掌握和支配的愿望

为什么 D 型领导者具有这种领导风格呢？图 1-2-1 的动力比例尺提供了一个答案。动态比例尺的正向目标，也就是 D 型领导者在工作上努力追求的目标，就是"要求控制、掌控和支配的愿望"。受这种领导风格的激发，D 型领导者寻求对人们和各种情况实行直接的控制，因为他们认为对这些情况负有责任。D 型领导者不愿意听任任何事情去碰运气，在他们的思维中，把事情留给其他人去办，正是这种碰运气的方法。

+ 控制、掌握和支配的愿望

D 型领导者

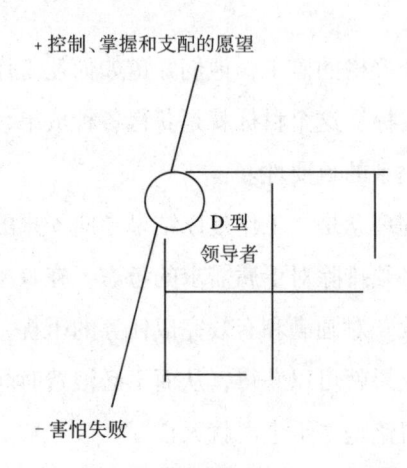

- 害怕失败

图1-2-1　D型领导者领导风格的正动力和负动力

一种强烈的"愿望"意味着：D 型领导者有强烈的欲望告诉其他人，不仅要怎样完成每一项工作，而且要说明何时、何地以及由何人来完成，有时候直到说明最后的细节。当满足了这个"愿望"时，D 型领导者会因为任务已经很好地完成而高兴。

D 型领导者很少去费心考虑，对下属提供背景论据或基本原理的重要性，因为他们对其他人的关心不足。D 型领导者的管理信条是：花费时间与"做实际工作的人"谈话是没有正当理由的，给他们下各种必要的命令即可，为什么要向他们解释各种细节呢？这些细节又不是这项任务本身的基本部分。谁关心

他们是否了解？了不了解不是他们的职责。

D型领导者强而有力的意识是从这样一些表示权力的感觉中产生的，这些感觉是：我不顺从任何事情，也不顺从任何人，却能得到下属毫无异议的服从。D型领导者这种感觉的来源是"控制就是关键"，他们喜欢那种一切都在控制中的感觉。

D型领导者信奉"辛苦地工作才能换来好的结果"，他们随时准备花费无论多少时间，尽力解决存在于他或她的工作范围以内的各种问题。为了达到"控制、掌握和支配"各种事物的目的，D型领导者的管理重点放在以坚定不移的决心来贯彻执行的意志力上。这样做时，D型领导者会正颜厉色地告诉下属："或者做这件事，或者去做别的事。"

D型领导者不大听取其他人的建议、见解、劝告或指导。假使需要信息的话，也只是要求提供信息的人填填表格而已，通常是以表示"是"或"不是"为基础。D型领导者的这种思想是：为了获得你所需要的信息而盘问他人，而且这种盘问不是由于自己缺少详细的资料，而是对人们进行某项"测验"。当作最后决策时，这种思想的目标是"不依靠别人"。

对资金的积累或对其他的来自外界的关于权力的象征，D型领导者的态度是："我占有得越多越好。"但是事情还远非如此。当一位D型领导者感觉到这些事情处于他能力可以达到的范围内时，完全控制每一件事的愿望就会越加强烈。比如，批准经费的核准手续、签署支付薪资的支票、重复检查对员工工作表现的评价、管理各种直接的报告、参加大大小小的会议，都是对他人进行控制的方法。但是，到最后，这些繁重的控制工作会不断堆积，使D型领导者负荷过重，甚至会使控制变成自我挫败。这种"控制过度"不但未能使D型领导者获得他所追求的权力，还可能导致其从精神到肉体的垮台。

上述情况会进一步促使D型领导者向图1-2-1中的动力比例尺的负向目标接近，这个负向目标反映了D型领导者最忧虑的事情，即对失败的恐惧。无论是察觉到的还是真实的，对D型领导者而言，必须不惜任何代价避免失败。这种对失败的忧虑，其实是D型领导者个人机能不全的深层反映，因为经历失败会使D型领导者感到毫无价值、不够优秀和无能。他们的头脑中会出现"我怎么会是这样一个莽汉？"或者"我是一个真正的失败者！我怎么会如此愚蠢？"等精神上的失落感。D型领导者产生这种失落感的原因是：当动力比例尺接近负向目标时，他们的思想是逃避现实而不是面对现实。这时他们唯一的防卫工具是："我一直没有出过错，而且也不可能出错。"

当失败不容否认的时候，代替D型领导者控制、掌握和支配的情绪就是焦虑和忧伤。第一种反应是：通过找到替罪羊的方法，否认自己的失败，就是将由于失败而导致的谴责推到同事、下级甚至上司身上，而且会说："下次我将更严密地监视他们。"D型领导者这样做的目的是要引出这样的结论："我有理由获得各方面的成功。失败是由其他人的活动造成的。所以不能相信任何人。"最终，D型领导者通过推卸责任，平复了焦虑的情绪，哪怕他们知道这种责任替代是不真实和短暂的，他们也会义无反顾地使用。

D型领导者的另一种情绪上的副产物是"发怒"。当他们准备"争吵"时，这种发怒的情绪就是：在公司的各个角落搜寻，以便找到一个可以发泄怨气的目标。这种态度在D型领导者的思想中可能演变成："在人世间没有各种争斗，你就不能达到目标，或者没有任何立足的地方。"作为一种结果，D型领导者可能会发展到蛮横、暴烈地对待他人，变成专制的"独裁者"。

当D型领导者风格在一个组织中普及时，这个组织可能产生一种类似于监狱的管教气氛。这种气氛是产生怀疑和不信任的温床。比如，下属会对上级毕恭毕敬，心里却充满了怨气；或者当下属想说"不"时，却说"是"。这样做的主要目的是不想遇上做错任何事而被上司抓住。同时，这种情况意味着人们开始按某种封闭和隐藏的方法活动，而不愿暴露他们真实的思想和感情，并寻求各种方法掩盖他们的行踪，从而避免引火上身，把错误推到他们身上。作为一种结果，为了避免出现各种错误，对于按D型领导者风格指挥各项工作的管理人员来说，对正在发生的事情保持警惕和机灵的态度比完成工作本身显得更为重要。在这种D型领导者风格占据优势的组织里，为了对那些不服从命令的人提供一个会遇到什么遭遇的例子，或者选出某个可疑的员工加以解雇就变得理所当然。但是，这样一种通过恐吓和威胁营造起来的管理气氛是异常危险的，因为它不利于创建一种推动员工去获取高质量成果的组织文化，甚至对已经存在的健康文化会带来毁灭性打击。

在动力比例尺的正向和负向中间，也就是在零点附近，D型领导者的各种状态是中界性质的，它没有特别地表明 D 型领导者的自我价值，以及这种风格或另一种风格。这个中界区域反映了正向和负向之间的一种平衡。处在这种平衡中的各种动力因素适应并解释了这样一种基本设想，就是"合理地安排各种工作条件，以使人际因素的干扰达到最小限度，以保证各项工作获得效益"。这个共同设想可以解释 D 型领导者为什么每天都会专心于各项活动，乐此不疲地工作，也提供了理解 D 型领导者各种信念的假设，因为这是他们最为健康的"需要和动机"模式。

## 2.2 情绪管理：清除矛盾，让他人屈从

D 型领导者预见和避免矛盾的方法很多，一旦做出了某项决策，这项决策就要坚定不移地传达给下级人员去贯彻落实。D 型领导者可能通过这样的话来完成决策的传达："这就是我要你做的工作，你应该这样完成工作，你最好还是把任务搞清楚。"

D 型领导者虽然敢于面对矛盾，但是在很多时候，矛盾还是被看作对他们在实施控制时的一种威胁。在 D 型领导者的思想里，处理矛盾所希望采取的方法是：当矛盾还处于萌芽阶段时，立刻清除；当矛盾已经蔓延开来时，通过使其他人屈从的措施阻止矛盾。

刘明对下属张宇一边跺脚一边大声地说道："张宇，现在我需要和你谈谈！"

张宇茫然地转过身来，说道："好的！领导，马上就到。"张宇很快挂断电话，甚至没有与在另一边参加共同讨论的人说声再见。他问道："领导，出了什么事？"

"这就是你作出的那个最后的报告？我不认为这些资料是精确的，并且有很多地方甚至是不完全的。你可以给我解释一下吗？"刘明气冲冲地说道。

"我很抱歉。"张宇结结巴巴地说："这不全是我的过失，孙燕帮我进行了资料的收集和调查，她也有部分责任。"

"不，我现在问的是你，你要负责！当我要求你做某件事时，我希望你遵循命令。假使你选择把这件事委托给某个能力低于你的人去做，那是你的问题。你的这种解释不能使你摆脱困境。"

"我保证这种事不会再发生了……"张宇恳求着说。

"它最好不再发生！"刘明近乎咆哮着说："我将把你作为试用人员并且将对你的所有工作进行严格的评估！"在张宇这个慌张且不知所措的下属说出另一句话之前，刘明转身离开了房间。

从上面的交谈中可以看出，D型领导者解决争论的消极方面是很明显的。张宇这位下属被拒绝作出任何保卫自己的辩解。换言之，他的言论权被D型领导者刘明给剥夺了。由于张宇采取了独立的创新精神，刘明感到他的权力遭到了损害，因此张宇的活动必须被立刻制止，因为他威胁到D型领导者的控制权，这不仅是由于张宇，还包括参与这项工作的张燕和其他人。刘明不需要听张宇的辩解，D型领导者的态度是："我不需要道歉，我需要各方面的成果，并且不能损害我的威信！"

### D型领导者如何预防矛盾？

为了预防矛盾，D型领导者可以在下达指令时，采取分步下达的方式，即每次只下达一步。这种方式的前提是，D型领导者相信这种做法可以减小混乱或错误出现的可能性。此外，这种做法还意味着D型领导者是唯一一个对整个计划全面了解的人，避免了他们控制权的丧失。

通过把注意力集中在少数几个要点上，D型领导者希望排除各种问题。即使D型领导者问"你了解吗？"他们希望得到的回答也是"了解"，而不是"还有些细节需要了解"，或者"我认为还有另一种方式"。这就造成了一种现象，当下属不了解时，他们已经掌握了更好的办法，就是假装了解，并按照他们自己的意见去加以推测。而且，这种做法限制了其他人潜力的发挥。

### D型领导者如何处理已经发生的矛盾？

当矛盾不可避免地发生时，打算用来消除不同意见的这种单向的监管，以及一步一步发出指令的方法是远远不够的。

在组织运转中，矛盾是一个非偶然性因素，并且无论什么时候，当两个或更多的人相互作用时，矛盾都是潜在的。处理争论有妥善的方法，也有不妥善的方式。如果处理得不好，争论可能升级，对个体和组织都会造成伤害。图 1-2-2 举例说明了两种矛盾的观点：一个人所持有的观点用一个向下的箭头并在其中画上垂直的线条来表示，另一个人的观点用一个向上的箭头并在其中画上水平的线条来表示。

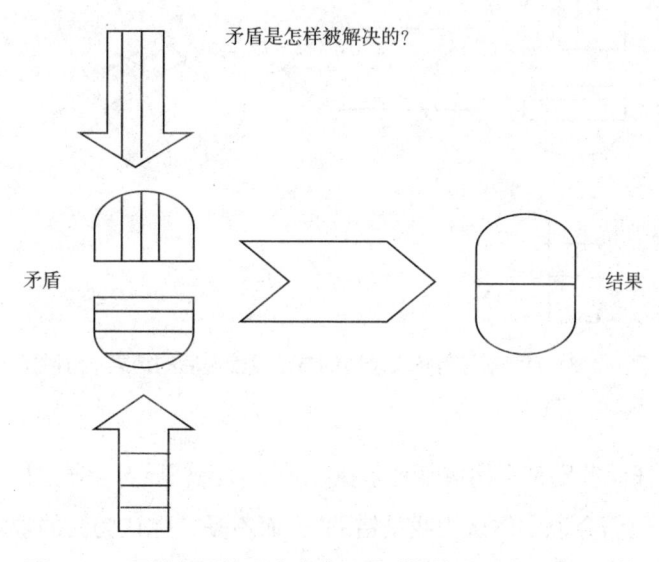

图 1-2-2　两种相反的观点产生矛盾时其结果取决于领导风格

在这种情况下，为了处理某个问题，这个领导者所需要的解决方案是一个垂直的方案，这个方案用一个半圆形并在其中画上垂直的线条来表示。这个领导者把该解决方案看作处理这种争论最有效的方法。另一个人认为一个水平的解决方案更有效，这个方案用一个半圆形并在其中画上水平的线条来表示。很明显，垂直的和水平的两种解决方案不可能同时实现。一种、另一种或某个第三种可能的方案如何实现，取决于这个领导者怎样运用他的才能和权力。图 1-2-2 右边的圆圈说明了这种相互作用的结果，最后的结果是依据这个争论是怎样处理而定的。

因为 D 型领导者很可能把不同意见看作是对自己权力的挑战，于是解决争论的方法往往是：通过权力压制争论，把反对意见作为不能接受的意见予以否定，并且把自己的观点强加给其他人。但是这种做法可能会适得其反，使争论进一步激化，最终出现如图1-2-3所描述的状况。

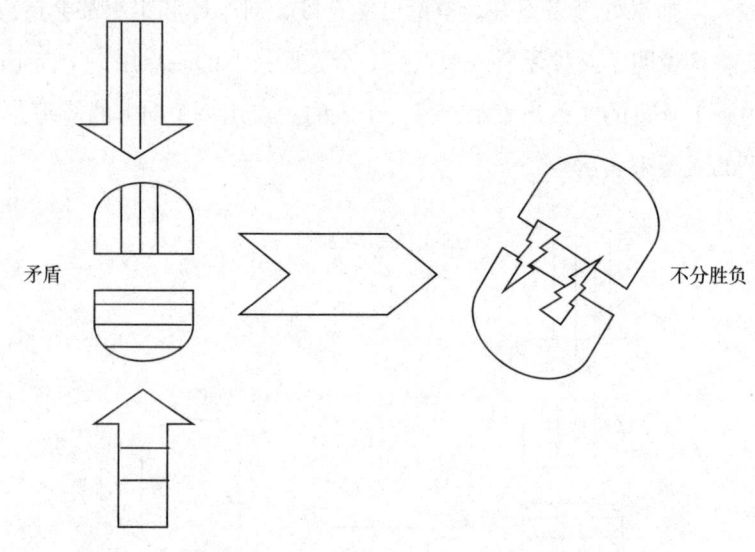

图1-2-3　D型领导者解决矛盾的方法致使最后的结果不分胜负

意见的任何差别都会构成某种争执。一个D型领导者会通过以下方法把争论个人化，他们会说"你认为我是错的"，而不是"你认为我的观点是错的"。要区别自己对持有不同意见的人正在产生的恶感与近在手边的争端之间的差别，对D型领导者来说是困难的。

一个D型领导者往往想用证明对方是错误的方法来结束争论。这种方法就是迫使对方后退，以赢得胜利。他们只在意通过控制争论的进度取胜，至于他们的方法别人能否接受和喜欢则显得无关紧要，在D型领导者的思想中，"为了胜利，一切皆可用"。

假使这个下属继续抵制，对D型领导者的反击会接踵而来。比如，下属会仔细筹划一份抗议书；或者形成某种"反对组织"，通过这种组织，下属会有意识地企图破坏工作的各个方面。当然，这些反击是不会公开进行的。怠工和"磨洋工"成了下属拒绝接受D型领导者所提的目标而事先计划好的另一种形式的报复。

当协调不一致或者争论难以停息时，D 型领导者会继续运用他的权力对下属说："我说是垂直的，你偏说是水平的。但是，你要记住，我是领导，我有最后的发言权。它就是垂直的，现在按垂直的去做，不然的话，哼！你知道后果的。"这就是压制，图 1-2-4 显示了这种压制的状态。

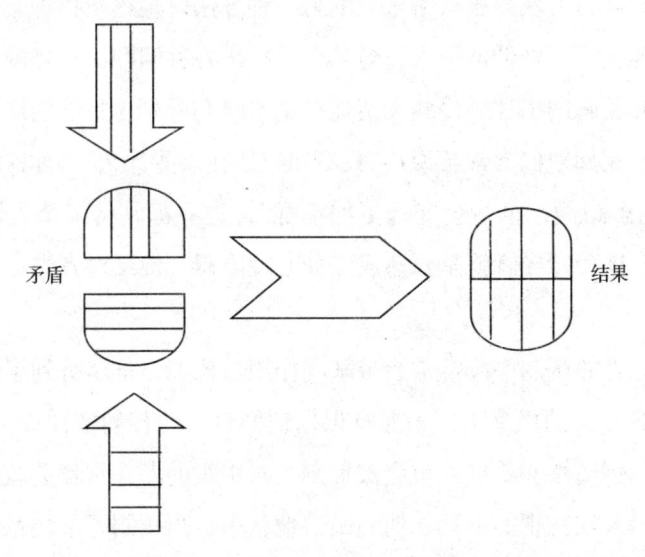

图1-2-4　D型领导者解决矛盾时压制反对意见，并认为他是胜利者

对能否继续进行控制存在"失败的忧虑"，也会导致 D 型领导者利用忧虑和威胁进行管理。他们信奉地位就是权力，往往默许管理者可以按专横的态度行事。D 型领导者会告诉下属做什么，并且希望他们按照自己的意愿开展工作。下属是否有不同意见，或者有更好的建议，对 D 型领导者而言是无关紧要的。在 D 型领导者的思想里，"你想什么是你的事情，你做什么是我的事情"成了他们指导工作的第一法则。

压制是 D 型领导者获取依从的一种有力的方法并被广泛使用，这种领导风格来自于他们对失败的恐惧，也是由于他们察觉方向和控制上的失误所造成的。D 型领导者经常使用威胁的手段使某个不顺从的下属做到规规矩矩。如果这种做法不成功，惩罚就成为他们最后的方法。将反对者调到另一个工作岗位是 D 型领导者惯用的方法之一。其他的惩罚还有降级或解雇，这是一种明显的方案；还有不太明显的备选方案，比如安排困难的或不愉快的任务，分配不合意愿的轮班时间等。当然，这种惩罚不仅是直接的，也可能是间接的，比如剥夺某个人参加重要会议的机会，或把某个人的名字从一项关键备忘录中删去。无论是直接还是间接惩罚，在任何情况下，这些策略都是D型领导者为了结束争论和打击反对者的一种手段。

D型领导者为了获得服从所采取的另一种方法就是逐渐损害某个反对者的自信心理。比如不断贬低某个人，对某个人提出各种问题，对好的建议表示出怀疑，武断和无聊的描述。冷酷无情地打击情绪和讽刺也是他们用来压制对手的惯用方法。比如他们常常会说："我不知道你在谈些什么""你这种说法行不通""按你的思路做，事情会变得更加糟糕"，这些都是将某个人调教得规规矩矩的方法。D型领导者就是要造成一种心理障碍，使反对者失去信心，最终屈服。

D型领导者的压制手段常常会带来副作用。比如，下属听到了领导者不信任他们的消息，会消极怠工，不愿意根据他们自己的首创精神负责任地工作。同时，他们的创造性和积极性也会被抑制，对组织的潜在贡献会减弱。D型领导者对这些后果往往视而不见，他们错误地认为，当压制了不同意见时，反抗也就停止了。但是，他们忘了，压制或许能解决不同意见，然而要使某个下属信服上级，这种压制的效果未必高明，也就是人们常说的"口服心不服"。因为一个人的各种信念很少能通过强制性的服从而改变，压制不同意见很可能造成掩盖信息，而这些被掩盖的信息反过来会带来更大的风险，导致这位上司的失败和组织的危机。

### D型领导者如何处理继续存在的矛盾？

因为D型领导者的压制所激发的不满与反抗会越发强烈，反对者或许会"转入地下"，继续为实现他们的主张而进行不懈的斗争。他们也可能使用其他策略，比如拒绝合作，间接搞破坏，寻找各种上司无法回绝的理由拖延工作。于是，D型领导者只得采取各种间接方法试图降低对抗的强度。他们可能会有限度地妥协；采取"怀柔政策"；拉拢不坚定的反对者；利用其他组织，比如工会、人事部门打击反对者。这些策略也许会起到"镇痛"的作用，但是效果和持久性不好，甚至会使D型领导者陷入无休止的斗争中，消耗他们的能量。

## 2.3 主动性：强烈地促进和推动

给予各方面的指示只能单方面地发挥人们的"首创精神"。这种做法意味着：告诉其他人应该做某件事。停止做某件事，或者按一种不同的方法做某件事。"首创精神"在 D 型领导者的思想中就是"强烈地推动"，也就是"我推动我自己以及其他人"。

我们把时钟转回刘明批评张宇以前那段时间所发生的事情，通过刘明向张宇安排工作这段对话，可以清晰地描述 D 型领导者所认为的"首创精神"。

"张宇，这是一项关键工程。我需要尽可能得到这方面的报告，从以前的各项任务中你应该知道我所期望的是什么！"

张宇回答说："我刚好有一些想法，我们小组中的其他人，或许能对这项工程作出贡献，比如孙燕和王伟，我把他们也叫来，大家一起讨论一下，您同意吗？"

刘明的脸由晴转阴，他怒目而视地对张宇说："你听到我是在向你征求意见了吗？假使我需要他们做什么事，我早就要求他们了，而不是要求你。现在，我是在要求你！需要我再告诉你一次吗？或者你已经听懂了，准备按我的要求去做这件事。"

张宇让孙燕和王伟加入项目组的可能性几乎全无，而且他已经明白了刘明的意思。

从以上对话中我们可以看出，D 型领导者发挥"首创精神"的态度依据了三条不可靠假设：

（1）我早就知道承担这项任务的最好方法。

（2）请求帮助会被其他人看作是"怯懦"的表现。

（3）当你明确告知对方应该做什么时，他们会工作得更好。

按这些假设进行工作在某些实际情况下或许是可行的。这些情况是：有一些人已经在 D 型领导者风格统治下工作了很久，因此他们被 D 型领导者驯服，选择了做顺从的跟随者角色。同时，这些人已经停止了自主地思考和活动，他们最不愿意做的事情就是承担责任。因而，D 型领导者被他们接受了。换言之，他们已经变成了 D 型领导者的好士兵，愿意执行各种命令，但是仅此而已。这种情况下，可能形成一个"软弱"的组织，这个组织的各个机能非常脆弱，容易受到来自内部和外部两方面的冲击。

D 型领导者对首创精神的正向动力可以总结成一句话："我通过在现场工作了解一切，我有将我的想法贯彻到每一种情况中去的办法，并控制正在发生的所有事情。"D 型领导者的负向动力是："仅仅在我能使自己确信这项工作会成功以后，我才会启动这项新工作。"负向动力的一个反映就是某种忧虑的出现，这种忧虑常常伴随 D 型领导者，当他们正在反复策划一项新的工作时，他们总是提醒自己："这是一项难以预测的工作，我不能承担一次大的失败。人们都在密切地注视着我领导的部门，假如我想得到提升，就必须保持我的工作无缺点的纪录、除非我能得到更多的资源，我想我应该在这个工作上多花点时间。"

但是，这种忧虑并不代表 D 型领导者会害怕去做冒险的事情，因为许多成功的创业者就是从 D 型领导者中产生的。D 型领导者的忧虑不是一种退缩，而是一种"要做就做到最好，因为没有任何退路"的想法。这个想法的潜台词是：必须有某些事情来支持每项工作的明智性，这种支持或许要依据各种事实和逻辑推理；对其他事来说，这种支持起源于对创新事物在本质方面的直观感觉和直观知识，而不是主观推测。无论哪种情况，在 D 型领导者的头脑里，都是单独一个人的主动行为，这种主动性，就是"强烈地促进和推动"，而不是一群人无休止的讨论。

## 2.4 对待信息：为了防御和保护权力

在 D 型领导者的思想里，知识就是力量，进一步说，知识是执行支配、掌握和控制工作的一种重要工具。提问题是他们了解工作情况的一种方法，而且提问还要具体直接，并限于事实信息。这些信息包括：各种数字、各项工作是否符合进度、要达到的各种规格。而对于各种思想、意见、感情或劝告是不收集的。D型领导者常常会说："只给我能反映事实的数据就行了。"不仅如此，他们还会在提问中打断谈话和质问对方，将情况追查到底。由此可见，D型领导者对自己总是保留着盘问、评价和解释的权力。这种领导风格降低了承认其他人作出贡献的必要性，并允许D型领导者承担全部责任。

D型领导者的这种风格或许会使下属用怀疑的眼光注视着这类问题。他们知道D型领导者会刨根问底，穷追各种问题、错误、缺点和弱点，并试图使那个"做了错事"的人无处可逃。自然，下属会变得非常小心谨慎，并设想他们怎样承担即将到来的责任。假使D型领导者不能通过直接的方法获得所需要的信息，那么他就会通过提出某个诱导性问题，从而给对方设置一个个圈套。不管下属如何回答这些问题，麻烦总是接踵而来，难以避免。

在申斥了张宇以后，刘明离开了张宇的办公室。他走过门厅时，发现孙燕正向自己的办公室走去。刘明仍然为这件事耿耿于怀，即张宇自作主张把孙燕从其他任务中调出来，这显然是对自己权力的挑战，剥夺了他直接命令的权力。刘明决定调查在拟订那个报告中孙燕参与的程度。然而，他没有用一种坦率的态度来调查此事；相反，他设置了一个圈套。

刘明径直走进孙燕的办公室，问道："孙燕，这段时间你一直在做什么？"

孙燕知道这是一个别有用心的问题。她停顿了一下，仔细估量自己要说的话："我已经写完了季度报告并在上星期五放在您的办公桌上了，您还没看过吗？"

"是的，当然看过了。那个统计分析进行得如何了？你还没有完成吗？"

"我正在做，估计在本周四可以完成"。

刘明躺在转椅上闭了一会儿眼睛，突然说道："我感到奇怪，这件事竟花费了你那么长时间，你一直在做这件事吗？中间还有别的事情占用你的时间吗？"

孙燕极力搜索留在记忆中的每个信息，然后说道："没有别的事，我带领团队一直全力以赴做这件事。"

"噢！是这样"，刘明停了一会儿继续说道："关于张宇正在拟订的那个报告，我听某个人说，你也参与了那个报告的草拟。"

　　"我忘记了。"孙燕咬着嘴唇答道。她已经预感到麻烦即将到来，随即又说："我想起来了，张宇确实要求我帮他计算过某些数字。"

　　这就是刘明一直等待的信息。他的语调突然变得强硬起来，责问道："孙燕，你知道当我分配工作的时候，我是直接面对你的。现在，告诉我，我曾要求你去做分配给张宇的工作了吗？或者我曾要求你为我去完成一份统计分析的任务吗？我敢保证我要你做的是后面的那件事。"

　　孙燕面颊变得绯红，无言以对地低下了头，轻声说道："我只是想帮助他，而且是在工作时间之外，张宇说这件事情很重要……"

　　"够了！"刘明近乎咆哮地说道，"下次再有人要求你做某件事，你应该先问问你自己的工作对你有多重要。你要从我这里接受命令，而不是其他人！你明白吗？"

　　这段对话，不是真正打算促进问题的解决，而是为了制服那个"受审者"。假使这个受审者自愿说出这个事实：她的确做过不是自己分内的某件事，她就会陷入麻烦中。另外，假使她不说出这个事实，她也会陷入麻烦中。这是一个"囚徒困境"似的命题，无论她怎样处理，都不能取胜，她已经被D型领导者"抓住"了。如果她回避，她会被迫认识到：这件事可能会使她失去工作。

　　D型领导者调查事实是基于防御和保护自己的权力不受损害。当我们回想起上司经常害怕失败，因此感觉到不得不留在岗位上以防失败的发生时，D型领导者的这种做法就容易理解了。在与孙燕有牵连的这项工作中，刘明现在能够运用下属的"失误"，名正言顺地来增加监视，而孙燕也知道这一点。D型领导者经常抱有一种井底之蛙的偏见，因此他们会集中精力于某个单独的事件中，导致听不到其他的关键性信息。这个领导者对可能获得的真实信息"聋得听不进去"，而这些信息或许会导致一项更加成功的结果。

　　D型领导者对信息的理解是："我要调查我所负责的无论什么事，都要到最充分的程度，从而避免由于没有某个事实，放松了警惕，被人抓住缺点或错误。"

## 2.5　倡导：确保他人不怀疑自己所说的事情

D型领导者确定能让其他人知道自己在任何事情上究竟处在什么位置。他们"说什么事情就像这个事情本来的样子"，没有条条框框的约束。

在D型领导者的思想里，各种事情只有黑和白的区分，没有介于黑白之间的事情。各种想法不是通过吸引争论的方法来表达，进行试验被看作一种犹豫不决的标志。D型领导者拒绝各种备选的可能性或反面意见，即使这种可能或反面意见表明那些整理出来的证据是与事实不符的，他们也会视而不见，在D型领导者面前，其他人很难插话。

对D型领导者进行反驳是十分困难的，同样与他们交换意见几乎是不可能的，这样做的后果是，从交换观点中可能会失去已获得的利益。D型领导者或许会牺牲很好的成果，然而他们却没有察觉到正在这样做。不管怎样，假使某个人将事实摆到D型领导者面前，那么这个事实会立刻被否决。

D型领导者所倡导的见解是："我要确保其他人不怀疑我所说的事情，我轻视其他观点，因为这些观点把怀疑加入它们的正确性中了。"

## 2.6　决策：重视自己的决策，很少受其他人影响

D型领导者常说："我很重视自己作出的决策，而且我很少受到其他人的影响。"这种决策方法产生于D型领导者的自信，即他们认为自己具备独立决策所必需的一切资源，包括必须具备的知识、经验或权力。其他人不可能在事先被邀请参与决策过程，而只能在执行决策时被召集进来。

D型领导者作出决策时的完整写照既有积极的也有消极的。积极方面，他们或许会宣布："我为其他人作出各种决策并要他们没有异议地执行。"消极方面，他们会宣称："我掌握着全部情况，确保了我的各种决策能按计划执行。"回想一下案例中刘明和孙燕、张宇的关系。张宇由于偏离了由刘明设计的守则

而受到作为试用人员的处罚。孙燕受到谴责，她的脑海中一点也不怀疑将来会有什么遭遇。

D型领导者作出决策是个人作出的单方面的决策。不征求也不希望得到其他人的信息输入，他们只希望下属能按照自己的要求去执行，至于其他的建议和讨论只会让D型领导者感到厌烦和恼怒。

## 2.7 批评：毫不犹豫地指出和改正工作中的问题

评价和估算成绩是D型领导者在工作中必不可少的一个环节，他们需要知道工作正在被执行以及执行的进度。比如，他们通过巡视各部门或工作大厅，检查不断发展中的活动；在现场进行询问来确定工作完成的情况。还记得案例中刘明是在哪一方面"抓住"孙燕的缺点的吗？

批评在D型领导者思想中或多或少与"批判和改进"相关联。然而他们的批评确实很少含有某种建设性成分。相反，D型领导者的批评是单方面的，以找缺点和对人的错误评估为主。换句话说，他们往往对人的缺点特别留心，对优点却视而不见，而且会不断放大这些缺点。这就会导致D型领导者只是将批评作为改进工作的一种方式，而不是对工作进行反思，将批评作为进行学习的一种方式。

D型领导者对来自别人的批评会想些什么呢？在正向动力方面，他们会回答："我会毫不犹豫地指出和改正工作中的问题。我会告诉人们什么时候他们错了或什么工作他们不符合标准。"在负向动力方面，他们会说："我要避免把错误推给我，相反，我要采取攻势，并寻找理由把责任推到别人身上。"

总之，在D型领导者的风格中，批评只是一种工具，至于要从批评中得到工作之外的东西，在他们看来，简直是在浪费时间。

# 第3章  互动模式：与不同类型下属之间的相互关系

D型领导者追求的是各种成果，而下属是他们完成目标的手段。除了告诉下属什么事必须完成、该由谁完成和什么时候完成以外，这位上司和下属几乎没有其他话可说，在他们面前，下属要输入任何信息是不允许的。虽然D型领导者可能得到下属的屈从，然而他们的领导风格和行为取向对下属承担义务的水平、完成某项任务的能力却会产生某种不利影响。

## 3.1  与D型下属合作的各种反应：一场胜利与失败的争斗

D型领导者和D型下属是一组对抗组合。双方对获取各种成果都表示出强烈的关注，但是当双方对如何获取成果持有不同意见时，那么，一场冲突便会如影随形地到来。双方对抗的结果将是一场胜与败的激烈斗争，而且这场斗争的杀伤力极大，会波及周围的无辜者。由于D型领导者具有较高的地位，掌握主动权，很多时候他们取胜的概率较大。但这还不是现实的情况，因为这个下属会"转入地下"，以守待攻、保存力量，并且制造麻烦和混乱。

双方对抗的情形可能发展为这个下属会建立一个"对抗组织"，并发挥反组织的创造力，逐步削弱D型领导者的力量，各项活动都是在秘密状态下进行的，目标是瓦解那个上司的各种支配活动。一旦时机成熟，这位下属会说："我将给那位上司点颜色瞧瞧！"作为一种结果，这种胜与败之间的较量会持续下去，因为D型领导者会采取同样的策略削弱这位下属的力量，最终使整个组织的生产率降低。

D型领导者和D型下属都具有强烈的参与精神并富有机智的策略，双方的斗争激烈而持久，在这场斗争中，达成共识几乎是不可能的事，因为双方都对胜利充满渴望。

## 3.2 与I型下属合作的各种反应：最富生产性的组合

对D型领导者来说，他们与I型下属或许是最富生产性的组合，因为双方都追求各种成果，而且双方会共同寻找获得这类成果的某种不同路径。D型领导者对这个下属所掌握的众多事实印象深刻。虽然，总的来说，D型领导者仍然抵制各种问题，但是这个下属至少对那些系统地提出过的问题作了较深入的说明，这让D型领导者很满意。

当这位下属对工作中的某个过程提出各种疑问或保留意见时，D型领导者可能会把它们放到一边不予回答。然而，当这个下属坚持要找出工作背后的基本原理，并希望有所改进时，D型领导者也会提出使工作获得进展的基本思路。D型领导者之所以会从原来的意向转变到解决问题的行为，主要原因是这个下属没有把争论的情况两极分化为某种胜与败的斗争。即使D型领导者可能会从"谁是正确的？"态度出发来思考，这个下属仍然继续追求"什么是正确的"，因为他只对事不对人，将D型领导者对人的态度转化为针对事情本身。当这个下属采取这种解决问题的态度时，D型领导者就不会感到面临"失败"或丢面子。作为一种结果，与其继续僵持，不如采取措施更为妥当。对双方来说，欣赏一场好的争论并从中学到某些东西甚至变得更为重要。

当D型领导者与I型下属继续产生不同意见或行动不协调时，他们当中的一个可能会陷入某种退却的状态，而退却的往往是I型下属，这位下属会说："你随便吧！"当然，I型下属的退却并不意味着他们已经失去对于配合的信心，但这种情况的确表明：I型下属已经被D型领导者的封闭思想所挫败，并且他们不能在当前的情况下把双方的争论推进到某种解决问题的状态中。I型下属会想：与其僵持，不如忍让。

## 3.3 与S型下属合作的各种反应：权威与服从

D型领导者与S型下属之间的关系会呈现出另外一种相反的状态，它说明了一个"懦弱"的下属如何受一个"强硬"上司的影响。而且这个下属需要使这个上司高兴，因为他是一个自愿在压力下屈从的参与者。这个下属会遇到这样的困难：从D型领导者那里没有得到积极的援助，只有指令和监控。在D型领导者面前，这个下属可以做99件正确的事，却决不会得到一句赞扬的话，但是只要做错了一件事，这个下属的麻烦就来了，会遭到自D型领导者的责罚。

这个下属倾向于按表面价值对上司说的话信以为真，而很少去问某个工作的特性或基本原理。作为一种结果，这个下属很多时候是在盲目地工作，并且很可能是在做某项不重要的工作。这种情况反而会使这个下属受到更多批评，逐渐地，他们的信心越来越小。最终的结果可能是这个下属做任何事情都要谨慎小心，生怕出错，变得越来越僵化和保守，开始采取回避的态度，自卑感愈加强烈，而且难以自拔。

## 3.4 与C型下属合作的各种反应：对抗与回避

C型下属在与D型领导者合作中，往往采取回避和中立的态度，因为安全感是C型下属的第一需要。这个下属企图逃避与上司的一切交往，因为与D型领导者交往会产生某种压力，迫使他们去做更多不喜欢的工作。除此之外，由于这个下属缺乏应变能力，在D型领导者面前，他总是遭受挫折，而上司由于听不到下属的回音也变得十分气恼，双方的矛盾和误解越来越大。

D型领导者可能会批评这个下属，并责令他提高工作效率，按要求交付工作成果。然而这个下属只对各种延误表示歉意，反而把失职行为推卸给其他人；或者混淆各种论点，这些论点在推理上往往具有某种不直截了当的性质。

要从一个C型下属所说的话中得出明确的答案有时是非常困难的，而这一点特别妨碍重视推理的D型领导者对问题的判断，从而加深了对C型下属的不满。

某个脾气不好的D型领导者会采取威吓的方法推动C型下属的工作。这个下属往往会顺从地"接受这种威吓"，因为他认识到要摆脱上司最快的方法就是保持中立，同时对各种威吓简单地接受。这个下属最不愿做的事就是与上司展开一场斗争。然而，假使D型领导者坚持己见的话，那么这个下属可能转为采取一种更为极端的回避策略，比如调动部门、换岗位，甚至是离职。

C型下属给人一种顺从的印象，但是由于他很少关心生产和人际关系，所以又具有一种推延的倾向。另外，为了保住工作和避免麻烦，C型下属会毫不犹豫地顺从D型领导者的一切指示。

# 第4章 提升方略：以战术的方式改变身边的环境

主导D型领导者的任务就是在自己果断的带领下，让团队中有才干、可靠的员工各司其职，并赋予他们应有的权力，发挥团队的整体优势，推动团队迎接挑战，不断向前发展。他们具有战略眼光和捕捉市场先机的能力，喜欢挑战新事物，善于解决纠纷和危机，他们崇尚权威式的领导方式，喜欢支配，对控制权极度关注。D型领导者如果决定花时间在自己身上而不再为公司牺牲，他们就会变得安静、沉思。当D型领导者放松时，他们的领导行为就会显示出热心、慷慨的一面。

## 4.1 克制愤怒，懂得宽容，不断反省

克制愤怒：工作时永远不要对团队成员大声吼叫。感到沮丧的时候，甚至并没有针对任何特定个人的时候，也不要提高嗓门，大声吼叫带来的结果是员工的畏惧、不满和厌恶，往往会使D型领导者得不偿失。

懂得宽容：在责备团队成员时要非常小心。当D型领导者负责的事情没有像计划的那样进行，或者没有取得成功时，D型领导者更要注意自己的在团队成员面前讲话的音量、提问的方式和布置工作的方法，不要让员工感觉你是在责备。被批评，尤其是无端的批评会使员工的自尊心遭受打击，感觉被侮辱和轻视，导致员工不愿再坦率交流，这对于有效解决问题是毫无帮助的。

不断反省：要考虑团队成员相反的观点。D型领导者每天都应该反省，考虑一个问题："今天谁提出的什么意见，很有道理，但我没有接受，这是什么原因造成的。"D型领导者要记住，当员工能坦率和真诚地向自己提出不同意见时，应该感到庆幸，这是员工接受和信任自己的表现。

## 4.2 关心他人，学会赞扬，积极聆听

关心他人：放慢自己的脚步。D型领导者至少要放慢50%的个人速度，多关注团队其他成员的感受，说话不要那么快、那么多，要学会长时间地呼吸。

学会赞扬：学会发现团队成员的批评中包含的正确观点。D型领导者在面对批评时不要立刻开始自我辩解，不要转而指责对方，或者针锋相对，以批评对抗批评。因为"以牙还牙"一定换来"以眼还眼"，多数情况下，员工的这种反抗不会体现在表面，但会反映在工作中，影响任务的高效完成。遇到这种情况，D型领导者应该扪心自问："这些批评意见中哪些内容是正确的？我能从中学到什么？即使不正确的意见，也是对我工作的一种勉励。"

积极聆听：坚持完成自己的任务。当D型领导者开始推进一个项目时，要坚持完成，不要半途又开始其他新的项目。同时要关注团队成员的工作状态和工作满意度，仔细评估团队完成新项目的可能性，发挥团队中其他成员的优势，积极听取员工对新项目的建议。切记，"自己喜欢，并不一定代表团队成员也热衷"。

# 第2篇
交互型领导者

# 认识I型领导者

在致力于帮助别人时，I型领导者往往会忘记自身的需要，有时甚至达到了一种忽略自我的地步，这不仅会造成对他人的依赖，也会让对方产生依赖，这两种依赖都不利于建立积极和适度的人际关系，有时还可能漏掉需要帮助的人，如图2-0-1所示。

+ 通过贡献得到满足的欲望
幻想的领导
原则管理
卓越的标准
启发创造性
解决问题的人
明确的期望
公开的问题
挑战性的目标
协同作用
促进相互依存和共同的价值观
自我与团队的责任

I型领导者

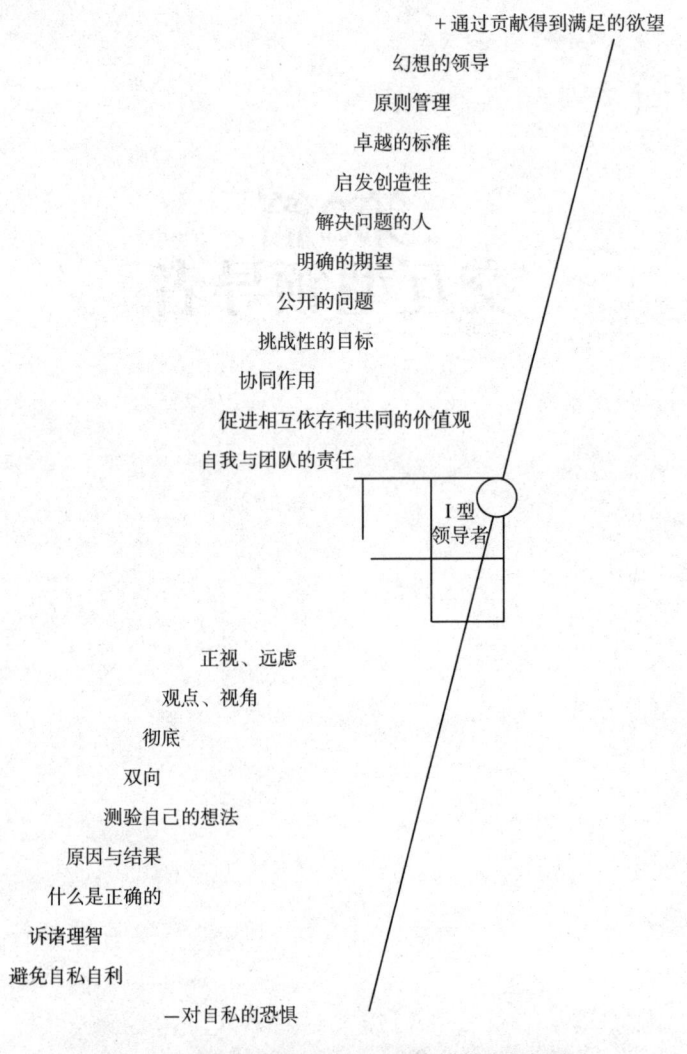

正视、远虑
观点、视角
彻底
双向
测验自己的想法
原因与结果
什么是正确的
诉诸理智
避免自私自利
— 对自私的恐惧

图2-0-1　描述I型领导者领导风格的单词和短语

I型领导者的办公室里总是同时站着好几位员工，而外边还等着几个，他们喜欢聆听、帮助同事，让同事感觉舒服一些或工作更努力一些。如果某位员工看起来不能完成任务，I型领导者不会采取批评、打击、挖苦、施压的方式来指导员工，他们会热情地施以援手，或派遣自己信得过的员工提供帮助。

　　专注于别人的幸福、安乐和满足使I型领导者几乎没有时间关心自己的需要。一方面，在想到"我怎么办"这个问题的时候，他们会产生沮丧情绪；另一方面，在很多时候，I型领导者根本意识不到自己的需要，集中精力在别人身上带来的后果就是不再关注自己。如果这时有人问到I型领导者需要些什么，他们要么露出困惑的表情，要么直接回应"我需要被别人需要的感觉"。

　　I型领导者在公司里往往有很多朋友，而这会导致一些内部冲突。他们内心也很纠结，他们总是想到下面这些问题：一个公司里，我怎么能关照到每位同事？我同时和这么多员工建立了友好关系，但是他们可能在工作方式、性格和观念上有所不同，如果他们同时出现在我的办公室，我该怎么做呢？然而，如果I型领导者感觉某位同事滥用权力，他们的内心就不会再有究竟要帮助哪一方的压力，而是会坚定地支持受害一方，不管滥用权力的是管理人员还是普通员工，他们都会一视同仁。

　　I型领导者最困难的一个问题还在于他们深埋在心底的"给予是为了索取"的想法。I型领导者觉得自己非常慷慨，他们的确也是这样做的。然而，这种无私的表象下面也包含着强烈的要求回报的渴望。

　　尽管单纯说一声"谢谢"以及感谢的便条也会让I型领导者感觉很好，但他们更希望帮助过的人喜欢、认可和欣赏自己：认为自己是不可或缺的，或值得尊敬的好领导。如果I型领导者得到了这种回报，内心会深深地感到满足，如果对方没有清楚地表示感激，I型领导者会感到沮丧、失望、愤怒，或三种情感都有。这种渴望回报的心理，其实是I型领导者希望成为"圣贤"的愿望在领导行为中的具体反映。

　　如果I型领导者认为发生了一些不公平的事情，或者有些人会受到伤害，他们一定会斗争到底，这时I型领导者在压力下可能表现出D型领导者的某些特征。

有时，I型领导者在长时间的内心挣扎或结束了费心费力的工作后，也可能会抽出时间关注自己：或者在内心反省的时候突然扪心自问"我的需要是什么？"然后开始暂时放纵自己，享受生活所带来的乐趣：投入一些艺术爱好中，或者思索一些哲学问题。这时I型领导者彻底放松，表现出理性者（S型）的某些特征。

# 第5章 思维定向：关系、影响与协作

I 型领导者"关系、影响与协作"的思维定向可以这样来定义：

他们善于与人打交道，只不过这种天赋的表现形式略有不同：有时会像导师那样引领个人发展，有时又像拥护者一样专门调解人际纠纷。和其他人一样，I 型领导者自然也希望自己特有的才能得到人们的赏识。然而，I 型领导者所擅长的交互素质，却是一种抽象和极其难以言明的才能，观察起来并不容易。即便如此，辨明和发现 I 型领导者的交际才干并给予高度评价，都会使我们受益匪浅。

I 型领导者往往更倾向于扮演导师和拥护者的角色。当他们驻足于这些交互型角色时，I 型领导者会产生一种强烈的职业成就感和个人满足感：他们觉得自己正在帮助他人，并以此来保证团队和组织的正常运转。

I 型领导者最核心的思维是"交际"，这是他们天生具有的一种思维定向。而交际思维最重要的展现形式便是"激励"和"感染"。

## 5.1 交往：懂得换位思考，具有高度的同理心

交往思维是一种运用策略，是巧妙得体地处理人际关系的一种潜在能力。在这里，"策略"并不等同于 D 型人所使用的"战术策略"，I 型人的策略其实是一种比喻，用于描述 I 型人高超的人际交往技巧，或者说，I 型人那敏锐的感受力。无论是前者还是后者，它们都是 I 型人所擅长的，同时也是他们的兴致所在。

I 型领导者很早便开始以这种极度敏感的方式与人交往，以至于人们会忍不住猜测这是否是一种天赋：借用情感共鸣和交际技巧来维护和完善人际关系。

的确，随着个体的成长，尤其是在工作关系中，一方面，D 型领导者的"战略执行能力"会越来越娴熟，C 型领导者的"支持护卫能力"会越来越强，

S型领导者的"战略预想能力"也会越来越高。另一方面，I型领导者也会不甘落后，他们与人相处的交际水准也会稳步上升。I型领导者像是练就了一双慧眼，用眼睛发现各种可能性，从而把握机会使潜在的人际关系得以发展。同时，I型领导者借助自己流利的语言表达来调和与化解人际交往中的矛盾。在交往能力的帮助下，I型领导者总能迅速地发现人们或事物之间的共同点。

由于天赋异禀，I型领导者不仅能够以一种积极的方式阐述自己的观点，还懂得换位思考，具有高度的同理心，常能设身处地为对方着想。此外，I型领导者在比喻性语言的帮助下，甚至可以轻松且流畅地将原本并无关联的两件事物天衣无缝地联系在一起。这样，占据了"人和"的I型领导者在人际交往中自然会所向披靡。无形中，I型领导者在交往中也对其他人的观念和行为产生了不可小视的影响：不仅鼓励对方成长，还帮助他们调解差异、平息矛盾、化解烦恼，甚至能启发个体的心灵，使他们成为一个和谐的统一体。

I型领导者之所以会如此喜爱交际，原因在于分裂、隔阂和敌视常常会让他们感到无比烦恼和焦虑。矛盾和争论会让I型领导者心绪不宁，而分歧和争辩会令他们紧张不安，甚至连S型人所坚持的一丝不苟的精神和犹豫不决的性格也会让I型领导者情不自禁地产生抗拒心理。I型领导者认为，所有这些差异和争辩都是强加在人性体验上的人为概念，是一种"人性的枷锁"。相比之下，I型领导者更愿意关注那些共享体验和具有普遍性的观念，因为这能让每个人获得相似的智慧和潜能，同时使人与人之间的差异最小化。

## 5.2 激励：具有强大的感召力——催化剂式的领导

I型领导者有一种渴望与人共事的强烈愿望，因此，把他们比喻成团队的"催化剂"再合适不过。作为导师和拥护者，I型领导者有一种与生俱来的力量，能够源源不断地为人际关系注入活力，使团队拥有丰富的产出。

I型领导者能够发掘人性中最美好的一面，并且信奉以人为本的处世原则。他们关注的焦点是企业或组织中的人，而不是自己的身份或地位。I型领导者会采用一种人性化的方式来处理各项事务，并且将同事、家人和朋友的个人发展视为己任。从这点来说，I型领导者好比一种化学媒介，在化学混合物中充当催化剂，激活其他潜在物质或刺激它们的形成与成长。遇到一位I型领导者，团队中每个成员都有可能受到他们的催化、激励和鼓舞，甚至启发，然后充满热情地去完成I型领导者交代的任务。

当I型领导者掌管人力资源工作时，这种催化剂式的领导者很快便会显现出他们对个人发展的浓厚兴趣，这时他们关注的焦点也往往集中在发掘员工的潜质上。因此，在I型领导者心中，组织自身的发展只能位居第二。

因为这种领导风格，I型领导者在组织中必然倡导民主与参与。他们的理想就是要构建一个和谐、以人为本的工作环境；在I型领导者眼中，制度、文件、项目和产品不过是这一目标的附产品，不应该成为工作的主要目标。人人享有投票权、建议权、参与权的工作氛围会让I型领导者感到神清气爽；对待下属，I型领导者总是极富同情心，当员工向他们述说自己的工作困难时，I型领导者会立刻放下手头的工作，采取换位思考，耐心、认真和积极地聆听，并且还会以一种真诚的态度关心员工的个人问题。

不过，有时I型领导者会发现，为了与员工保持密切的联系，他们往往需要付出巨大的代价：投入大量的时间和精力，几乎无暇关注自己。I型领导者总是将员工的需求摆在第一位，并且会快速、积极和热情地做出回应，帮助员工解决困惑，将自己大部分时间都用于满足员工的需要。I型领导者会牺牲自己的时间，忽略自己的家庭义务或其他社会职责；有时，他们甚至会放弃必要的休息和娱乐时间。如果I型领导者想改变这种心力交瘁的状态，恢复原有的精力，就必须学会规划时间，使自己有时间充电，能够养精蓄锐，投入未来的工作中。

一旦I型领导者能够适当地平衡工作和私人空间，他们就能成为所在组织热情洋溢的代言人。在I型领导者任职的组织，无论是公司、公共服务机构，还是学校和政府，他们无时无刻不在寻找组织内美好和光明的一面，并且会做出积极的回应。此外，I型领导者还非常乐于谈论自己发现这些美好事物的经过。

I型领导者擅长欣赏和夸赞，他们会耐心、专注和积极地聆听下属的述说，然后以丰富的语言信息和热情的肢体语言给予回馈，让团队成员感受到自己的付出受到了足够的关注，同时也意识领导对自己的重视。在唤起情感共鸣这一天赋的帮助下，I型领导者似乎很清楚如何在适当的时候用适当的语言来表达自己的赞赏之情。

这类催化剂式的领导风格，让I型领导者特别关注员工的个人成长，因此，任何针对他们自己和所在组织的鼓励和肯定都会被I型领导者视若珍宝。另外，谈论和传递负面信息会让I型领导者感到举步维艰，当面对那些反对、否定或阻碍进步和发展有关的话题时，I型领导者常常感到不知所措，难以启齿。在这个过程中，I型领导者会采取降低自己需要和渴望的方式来满足团队成员的需要和渴望；有时候，他们甚至牺牲自己的愿望。于是，I型领导者自己的问题或要求再度被其他人的问题或要求取代，因为I型领导者往往是事事以他人为先。与谨慎者（C型）一样，I型领导者也会感到劳累过度，更糟糕的是，他们的付出还经常得不到他人的欣赏和认可。因此，对于I型领导者而言，为了避免这种费力不讨好的情况频繁发生，他们最好定期检查自己的目标、需要优先解决的问题、意图和计划，看看它们是否偏离了正常的方向。

## 5.3 感染：具有与生俱来的感染力——卓越的公共关系专家

I型领导者大都能够与同事和睦相处，并且很受欢迎，具有强大的感染力。他们十分享受自己与他人之间这种和谐融洽的关系，而那些善于表达的I型领导者还会主动去寻找和建立这种人际关系。处在高位的I型领导者，比如企业的高级管理人员，他们通常为人随和，无论在工作中还是私下里，I型领导者都喜欢和自己的下属打成一片。他们会频繁地走访各个部门，与自己的员工进行交流，了解员工工作中遇到的问题和感受，以及他们的快乐。I型领导者往往会与同事建立一种亲密的私人关系，对他们而言，工作不仅意味着任务和目标，还是他们获取社交满足感的源泉。

I型领导者堪称公共关系专家，这得益于他们与生俱来的感染力，他们往往是整个团队的精神支柱，激励、鼓舞、勉励；也是组织中的宣传者，劝说、联络、沟通、协调。I型领导者能够与各种类型的人和睦相处，建立起积极的联系，并用自己的真诚打动和感染客户，使客户与自己的公司合作。如果被赋予创造和管理的自由，I型领导者会如鱼得水，能最大限度地施展自己的才能；相反，如果他们被各种强制性的工作标准包围，就会变得沮丧，甚至会变得愤恨不平。I型领导者身边的人往往会被他们的个人魅力所吸引，变得真诚、忠实和努力，为了完成I型领导者交办的任务，会心甘情愿地付出。

在I型领导者强大感染力的召唤下，团队成员都喜欢与他们共事，因为I型领导者通常会积极地支持和关注员工的观点。在这一点上，他们和D型领导者一样，总是能够将工作变成一件快乐的事情。此外，I型领导者还会将自己以人为本的人性化观点引入领导团队中，使其他管理人员也关注人的重要性。而且，与其他类型的领导者相比，I型领导者凭借敏锐的洞察力，还能看到调动员工的积极性给公司和团队带来的改变，并洞察出这种改变背后隐藏的社会后果。

如果一个公司或团队中缺少了I型领导者，这个团队或公司的成员可能会觉得工作环境冷漠、枯燥、乏味、沉闷、无趣，缺少人文关怀。这种负面情绪不断扩大，最终会给团队或公司带来不良后果：工作效率低下、产出率低、人浮于事、互相推诿、管理混乱、士气低落、抱怨不断、离职率高等。总之，如果少了I型领导者这个催化剂和润滑剂，整个公司就会缺少一种蓬勃向上的团结精神和工作热情。尽管这个公司可能拥有强大的客户资源和市场前景，但是负责客户关系和市场推广的员工会对公司和自己所处的职位感到不满。这种不满若得不到及时处理，必然会引起员工忠诚度、归属感和价值感的降低，最终会影响公司的发展。很多市场前景优质的公司最终破产或发展萎靡不振，往往不是被外部力量击败，而是被内部不和谐的人际关系摧毁。如果I型领导者能从中周旋和调解，原本波涛汹涌的局势很快就会风平浪静，因为I型领导者的感染力能化解冲突，团结一切。

# 第6章　领导风格："我为人人，人人为我"

　　I型领导者懂得通过使人们参与决策，就可以使潜在的协作行动实现。在他们的思想中，工作成就来自献身精神，在组织目标上利益一致、互相依存，从而建立信任和尊重的关系。因此，I型领导者崇尚"协作式"的管理。他们十分重视对资源的利用，尽可能使从事某项工作的人提出他们自己的想法。I型领导者在做决策前总是设法找出可能得到更好结果的想法，但这并没有降低他们的权威和领导能力。相反，在与人们充分互动的过程中，他们的力量变得更强大，因为一切力量都向着设定好的目标前进。与此同时，参与行动的其他人也变得更强有力。产生的结果就是：所有成员都能为公司的事业作出最大的贡献。

　　具体来说，I型领导者在带领团队工作时展现出了特殊的风格：

　　（1）I型领导者总是想摆脱那种正规的、以规章制度为主的工作模式，而将其转变为以反馈、讨论和解决矛盾为特征的更为自发式的互相作用的模式。

　　（2）I型领导者能发现一对一管理的严重缺陷，以及这种模式所带来的缺乏协调、沟通不良的后果。

　　（3）I型领导者想创造一种共同负责的环境，来代替竞争性的"做你自己的事情"的文化。

　　（4）I型领导者提倡以公开和坦诚的方式进行讨论，而不是让别人等待他们发号指令。

　　（5）I型领导者的目标是以最健全的方式解决问题，而不是简单地布置完工作就不管了，他们努力的方向是最大限度地利用资源。

　　I型领导者把对生产的高度关注和对人的高度关心结合起来。不同于其他的领导风格，I型领导者不承认在组织目标和人们取得成果的需求之间存在内在矛盾。因此，通过让人们参与重大问题决策的方法，I型领导者有可能把组织目标和人们的需求有效结合起来。但这并不是说要把大家集合起来无休止地讨论各自的观点，也不表示每个人都同意最后的决定。这种方法的真正含义是：在可能的情况下，在一项工作中，在做决策以前，参加讨论的人都有机会表达他们的观点，无论是肯定还是否定的意见都能得以展现。这不仅能保证人们对需要完成的工作和作为决策依据的基本原理有更好的理解，也增大了反映成员最好想法的概率。

I 型领导者通过他们的交际能力，使对成果的关心和对人的关心彻底地统一，这是用建立成员之间健全和成熟的关系来实现的，这种关系也是公司完成目标所必需的。只有善于鼓励和感染组织成员作出贡献的领导者才能做到这一点，这恰恰是 I 型领导者的思维定向。因此，I 型领导者所承担的责任，就是促进合作，使团队成员产生参与感，从而实现组织目标。

## 6.1 需求：想通过贡献求得满足

I 型领导者认为，在组织对生产的需要和人们的自我需要之间存在内在的联系。他们的正向和负向需求如图 2-6-1 所示。

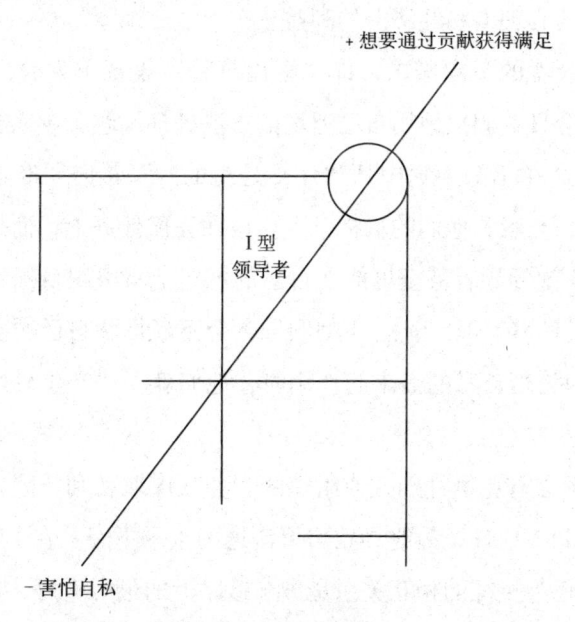

图2-6-1　I型领导者领导风格的正动力和负动力

Ⅰ型领导者的正向需求是"想要通过贡献获得满足"。这意味着其他人知道Ⅰ型领导者使情况产生了差异，他们的努力对组织和在里面工作的人都产生了积极影响。Ⅰ型领导者有为公司的成功作出贡献的欲望，为此他们努力使其他人参与进来，以便这些人也能作出贡献。这种热情和"勤奋"精神会感染周围的人，他们激发别人采取"拼搏"的态度，并培养他们自发和开诚布公的感情。这种积极的激励也包括帮助别人释放最大的潜能。

　　Ⅰ型领导者能为团队选定一个释放全体成员能力的任务，而且能通过建立积极的沟通环境使团队取得丰盛的成果。这意味着他们能调动人力资源，使团队成员在一起为生产效率更高而工作。Ⅰ型领导者了解他们的任务就是创造一种努力的氛围，但是这必须得到全体团队成员的同意，这种氛围才能取得好的效果。为了使这种努力能够实现，他们需要团队成员积极参与和培养献身精神。Ⅰ型领导者会设法通过面向健全的领导原则来培养这种献身精神，因为这种领导原则能使团队成员根据一种共同的"思考框架"从事工作。

　　Ⅰ型领导者的正向需求表现为强烈的满足感，从工作中得到快乐，为公司作出贡献而兴奋。一个人越是在完成公司目标方面取得成功，他的个人满足感就越强。当Ⅰ型领导者主导了一个公司的组织文化时，员工们可以盼望享受公司的成功带来的心理上和经济上的利益。

　　当Ⅰ型领导者的负向需求，即"害怕自私"表现出来时，他们将失去远见。这时他们会日益固执地用自己习惯的方法处理问题，越来越听不进去别人的意见。他们会在不知不觉中从"什么是对的？"转向"谁是对的？"这表明，作为一个领导者，他们的目标已不再放在完成任务上，而是放在按自己的方式行事上。Ⅰ型领导者甚至可能在自己的思想上将组织目标重新诠释，以便为自己采取的行动辩护。当然，Ⅰ型领导者会不断提醒自己"要力求避免上述种种行为"，因为当自私的需求起作用时，他们就无法产生最好的想法和获得最好的成果了。

　　Ⅰ型领导者会避免牺牲别人或组织的利益来谋取私利，因为这种做法能引发人们的怀疑和不信任，最终导致坦率沟通的水平下降。在Ⅰ型领导者的思想里，以缺乏信任为特征的相互关系是进步道路上的最大障碍，它阻碍了资源转化为结果的路径。换句话说，组织中这种不良的相互关系，是许多本来可以成功的组织中普遍存在的最大问题，这种隐患表现为：玩政治斗争、互相拆台、相互打击、封锁消息，这些做法都是用来阻碍上级、同事和下级为共同目标所作的努力化为泡影，这恰恰是 I 型领导者最不愿看到的情形。

## 6.2 情绪管理：正视矛盾，用正确的方法解决冲突

在实际工作中，每一种类型的领导者都在设防避免矛盾，即使 I 型领导者也不例外。因为 D 型领导者认为矛盾会阻碍或拖延目标的达成，他们处理矛盾的方法很简单，就是用强制来镇压和消除矛盾。只有 I 型领导者认为，通过正视矛盾和用积极的方式正面处理矛盾，才能真正解决问题。一个领导者，当他把从"健全组织"的视角作为解决矛盾的出发点时，会如何使用权力和权威呢？

I 型领导者认为，用一种动态的方式来行使权力和权威，其目的是寻找最好的答案。意见、分歧和矛盾是不可避免的，一个意志坚强的人应该对于他们认为正确的事采取坚信不移的态度，最终的结果，他们必然能顺利地消除矛盾。一个人可以说："我们这里没有什么解决不了的事情。既然存在矛盾，必然有解决矛盾的办法，我们所要做的不是纠缠于矛盾，而是找到那把解决矛盾的钥匙。事实是什么？原因是什么？结论是什么？这些才是我们应该关注的东西。"在 I 型领导者的思想中，感情问题可以通过与有意见分歧的对方进行直截了当的讨论来正面处理。矛盾的解决是可能的，但是涉及矛盾的双方成熟与否和有无真正的洞察力。这是我们都可以做到的事情，虽然我们可能对所需花费的时间和成本还缺乏必要的认识，或者缺乏做这件事的技巧，但是我们都有解决矛盾的潜能。

上面是 I 型领导者处理与下属矛盾时的情况。但是，当 I 型领导者在面对上司、同事、其他部门的人员，或者外部的供应商和客户时，权力和权威将会受到抑制，这时他们又该如何处理矛盾呢？作为一种以解决问题为目标而不是把它们掩盖起来的方法，"通过帮助人们达到健全结果"始终是 I 型领导者解决矛盾最有效的方法，而他们直爽和开诚布公的特性是解决分歧的基础。

I型领导者对解决矛盾的正面说明是：我把矛盾看作是更好地理解"什么是正确？"的一个机会，而不是麻烦。矛盾的合理解决，可以把那些努力完成事业并具有献身精神的人团结在一起。

I型领导者解决矛盾的负面说明是：我尽力使人们放弃争论"谁是正确的？"使人们将注意力集中到继续前进的方法上。这当然是一种变相掩盖矛盾的做法。

**I型领导者如何预防矛盾**

在我们转向讨论I型领导者怎样处理矛盾之前，我们先考查一下I型领导者某些"绕过"或防止矛盾产生的策略。这些策略不是避免矛盾或消除矛盾的方法，而是I型领导者本身具有的内在品质，也是一种能帮助解决问题的行为，而不是提倡既得利益、对立观点或不公平的屈服。

一种策略是让那些受某一问题影响的人及时参与到解决问题的气氛中来，使他们知道寻找解决方案的重要性，并且重视他们所提供的信息。这种方法包括：调查情况，识别可供选择的方案，评估开展工作的最佳方法等。甚至可以用"试运转法"或"实验检查法"作为决策分析的数据来源。这些方法都是为了使工作做得更好。

I型领导者排除产生矛盾的另一策略是：鼓励人们互相交换所持的原理和观点，使不同的观点公开亮相并加以深刻的讨论，还可以鼓励每个人相互评价对方的信念是否合理。这种策略可以使错误的推理和歪曲的思维得到辨认，并加以纠正，有助于消除不正确的信念。还能减少矛盾进一步泛化的可能，降低矛盾的破坏力。I型领导者相信"真理总是越辩越明"。

充分的自我表白是避免误解的另一种方法，它的含义是：对于和解决问题可能有关系的任何事情都毫无保留地让大家知道。这些信息包括的范围极广，从数据、逻辑到态度、感觉、预感、直觉，只要能使人增强洞察力的任何信息都可以列入。同时，这些信息不仅包括人们在组织中的公开信息，也包含私人信息，前提是它们对组织业绩会产生直接的影响。

I型领导者对于他们要向别人透露的事情会审慎小心，但是如果这些事情能增加人们之间的互相了解，他们还是会以公开和坦诚的态度作自我表白。通过"自我表白法",别人会将心比心,觉得自己应当用同样的方法作出回应。

I型领导者行使管理的目标之一是以清楚和毫不装腔作势的态度建立与人们的信息联系。有些词句是含糊难懂的,另一些是明确和描述性的;有些是中立的,另一些是煽动性的;有些在一个地方使用是合适的,但是用在另一个地方却显得十分别扭。同样的话不同的人听起来也是不一样的,某些词句会使人情绪激动,但失去了客观性,容易引起误会和误解;奉承的话同样会让人感到困惑,因为它们容易使人失去警惕。I型领导者认为,如果过分考虑这些细节,势必会遗漏某些有用的信息,而且可能增加沟通成本,与其思前想后,不如真诚表达,只要问心无愧,时间会检验一切。

下面这个案例可以说明I型领导者的这种特性。

韩悦有了一个新主意,他把这个想法告诉了总经理程刚,程刚却对她说:"也许我们现在应当把这个想法先放下。"

韩悦垂头丧气地回到了办公室,认为程刚拒绝考虑她的建议。她对马莉说:"我们必须放弃这个想法,程刚不赞成。"但是马莉却不这样认为。马莉开始寻找程刚不批准这个想法的根本原因,最后发现这与程刚不赞成或不放心毫无关系。程刚已经接受了这个想法,但是他正忙于别的事情,所以没有对韩悦说清楚他已经充分了解了这个想法。马莉进一步调查的结果是,程刚不过是因为要处理一个棘手的财物问题而推迟了实施这个想法的时间。三个月后,程刚对韩悦和马莉说,他对这个想法表示赞同,并在工作中给予支持。

马莉所做的不过是坚持把事情彻底调查清楚,而不是根据程刚起初的态度得出错误的结论。

一个I型领导者在寻找一个健全的解决方案以前,会先制定一套构成"健全方案"的标准。在一个事先制定的、大家同意的标准范围内工作,常常可以避免矛盾的产生,因为在那些被牵涉的人中有一个共同承认的客观标准,而不是以个别人的主观判断为依据作出决定。最终,人们得到了更好的解决办法。

我们还有另一个问题需要考查，那就是个人的需要和期望的存在。期望的破灭可能是人际关系裂痕的主要来源之一。假如我们都善于猜测别人的心思，那么矛盾就会大大减少。然而，人们的认知都是有局限性的，尤其对于人的观察，解决这个难题仍然需要遵守坦诚和公开的原则。经常发生的情况是：我们总是认为每个人都像我们一样对情况十分了解，如果不是这样，那是他们的问题。实际上，这种认知成为矛盾产生的另一个根源。如果你用一种与别人不同的方法完成一件事，双方就会产生分歧，由于它已成为事实，除了接受没有别的办法，所以矛盾就会变得更大。当人们的期望破灭时，一个人最初的反应是惊奇，然后是一种被出卖的感觉，最后是愤怒。现在双方不仅在处理一件事上有分歧，而且激动的情绪已经上升，矛盾就像定时炸弹，一触即发。

解决这个问题其实很简单：要避免这一切只要设法使每个人事先对结果有相同的期望即可，但在大多数情况下，很多人往往忽视了这个步骤。一个 I 型领导者认识到了这个事实，所以，他们认为得到别人的想法是至关重要的，包括怀疑的和持保留意见的想法，这些都是对将来要发生的事提出期望的重要信息。这个步骤可以将许多矛盾被扼杀在摇篮中，从而失去导火线。

使那些和你一起工作的人知道你的需求，可以防止其他类型矛盾的产生。

韩悦喜欢同事和下级进她的办公室前先敲一下门，但她并没有将这个习惯告诉其他人，所以每当马莉或肖冲等人闯进来时，她的怨恨就会增加一分。然而，除非韩悦明确地把她的这种要求告诉别人，其他人是无法知道这种感觉的。在工作中，当韩悦站出来指责马莉或批评肖冲时，马莉或肖冲是难以同她合作的，因为他们并不知道韩悦为何如此生气。

通过将期待公诸于众，人们相互之间的关系会变得简单和清爽，不必再小心翼翼地开展工作。如果别人对我们的要求是合理的，我们就尽力满足他们的期望。如果别人的期望对生产效率产生不利影响，我们也能客观地正视它们，并且积极寻找一种更健全的路径来减小这些影响。

### I型领导者如何处理已经出现的矛盾

所谓"矛盾",是指不同的观点,做同一件事的不同意见,以缺乏共同认识形成的紧张情绪。所以,即使在一种公开和坦诚的环境中,矛盾还是有可能出现的。领导者不是为掩盖矛盾而来,而是为解决矛盾而生的。

I型领导者允许人们持有不同意见,并用事实来解决他们之间的分歧,最后达到互相理解。用这种方法解决问题非常有效,不仅彻底,还有利于增进人们相互间的坦诚,这是个人和组织成功必不可少的条件。

I型领导者解决矛盾可以产生几种不同的结果。第一个结果如图2-6-2所示,I型领导者的观点用垂直线表示,而下属的观点用水平线表示。领导可能发现他原先没有意识到的一些想法,在下属那里得到了启示,甚至下属的想法更有建设意义。在这种情况下,I型领导者会接受下属的意见,因为他们确信下属是对的。在I型领导者思想里,这不是一种认输和难堪,他们会说:"我的方法有局限性,你有一个更好的办法,对达成目标更有利,所以我同意你的意见。"

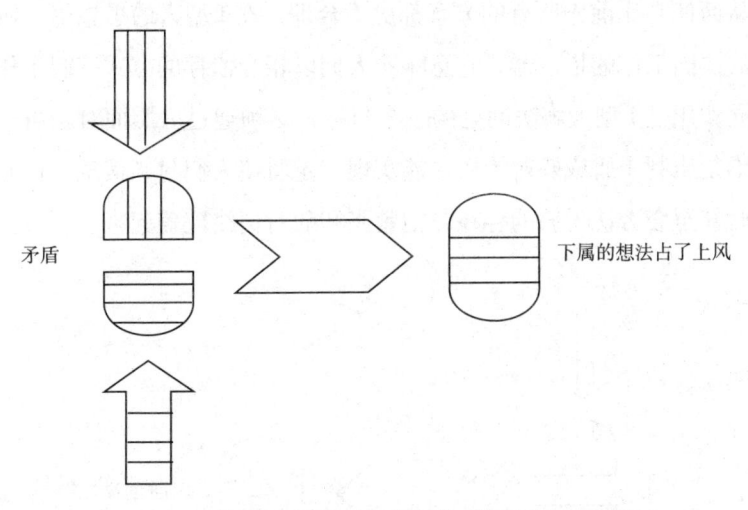

图2-6-2　I型领导者根据对事实新的了解接受下属的观点

相反的情况也是可能的,如图2-6-3所示。领导可能有较好的答案,在这种情况下,I型下属可以改变他的观点,但这并不是以服从或妥协为基础,而是以理解领导的基本理论和所用方法的合理性为前提。

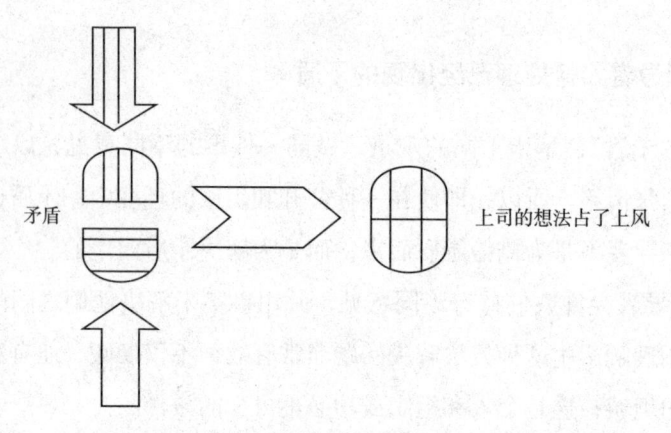

图2-6-3　I型下属能够根据对基本理论是正确的信念接受上司的主张

还有另一种可能，出现了领导和下属都没有看到的解决方案，如图2-6-4所示。这个新的方案比领导和下属原先的想法更可取、更为合理。当这种协同工作出现时，参与者就会达成共识，提出一种新的"协同方案"，它可能含有双方的部分想法，或者都不包含，但是却增加了某些独特的想法或范围更广的因素，从而使它比前先所有的方案都更为合理。在I型人的思想里，协同作用是卓越的协同工作的指示器，它意味着人们以相互依存的方式一起工作。

协同作用是I型人解决问题的一个目标，必须通过大胆面对矛盾、正视矛盾，而不是压制矛盾或躲避矛盾才能实现。矛盾使人们封锁信息，彼此产生误解，有时甚至会否认矛盾的存在，把紧张和敌对情绪掩盖起来。

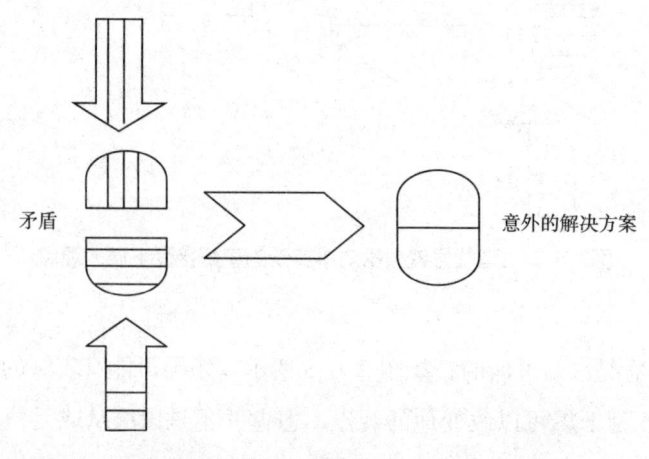

图2-6-4　通过激励创造性相互影响产生了优越的解决方案

对两种不同的矛盾的"正视",对它们加以区分是有必要的。一种是把矛盾的观点分化为两个极端,使它们尖锐对立起来。这种正视来自对双方力量的测试,得出的结论是,较强的观点将占据优势。我们把这种正视称为"为了战斗而正视"。这是 D 型领导者处理矛盾的方法。

另一种是"旨在比较和对照的正视"。这种正视意味着通过使矛盾公开更好地理解分歧,最终解决矛盾。在这种正视中,通常伴随矛盾的种种情感:愤怒、仇恨、恐惧、不安、怀疑以及失望,也可以被探测。这是 I 型领导者对矛盾的正视,用这种方式,可以使双方更好地理解对立观点,来评判并消除存在的分歧。

这两种正视,从表面上看可能是一样的,实际上还是有一个重要差别,常常只有那些卷入正视本身的人才会意识到。在第一种正视中,有一个不可能发生误解的意志在较量,持有一种观点的人感到了反对者的威胁,不管大家怎样看待这个矛盾,在这种情况下让步就意味着失败。I 型领导者的正视含有解决分歧的一个重要条件,那就是相互之间的信任。这样一种氛围是以善意和尊重为特征的,胜过对方不是最终目标,找到健全的方案才是关键。

在 I 型领导者的正视中没有赢家和输家,由于找到了更健全的答案,会使每个人都成为赢家。如果被采纳的答案不是 I 型领导者提出的,这不是丢面子的事,也不是投降或软弱。相反地,它表明 I 型领导者对通过逻辑和理智找到的最佳方案承担了义务,并且消除了大家的顾虑和怀疑。I 型领导者会说:我们已经作为一个团队一起工作了,我们的目的是一起发现"什么是正确的?"而不是为了解决"谁正确"的问题。现在我们可以继续前进去完成目标了,因为我们每个人都对要做的事达成了共识。

**I 型领导者如何处理继续存在的矛盾**

如果矛盾得不到解决,又会出现什么情况呢?这时可以采取几个补充的步骤来终止矛盾,或者用尽可能完善的方式对矛盾进行处理。

首先是适当的发泄,矛盾的一方或双方通过与第三者讨论争执中的问题,缓解双方之间的紧张关系。每个人可能单独同第三者会面并发泄他们的不满,这有助于使失控的情绪恢复正常。这时问题已在正确的观点下变得更清楚,双方就能客观地看待事实，为进一步商讨创造条件。

其次是聘请一位第三者去会见矛盾的双方，并用"中立"的姿态向他们提供评论和反馈。因为意见分歧的双方陷入得较深，所以看问题可能会失去客观性。有一个中立的因素介入，可以提供一种没有偏见的反馈，并且由于提供的建议不受既得利益的影响，矛盾双方可能愿意考虑这种新的观点。这个中立者可以是一位经理，一个职能人员，或者公司内部或外部的顾问，他们都是与矛盾本身相去甚远的人，具有一种天然的"公信力"。但是要记住一点，这个人并不是一个仲裁者，而仅仅是为了解决问题增加客观性的服务。解决矛盾的责任仍然属于双方。这也是 I 型领导者常常采取的策略。

当矛盾继续存在，但是要求有所行动时，为了完成团队的目标而将分歧暂时搁置起来也是有必要的。对于 I 型领导者来说，矛盾不能长期拖延下去，等时机成熟，I 型领导者会带领团队对矛盾背后更深层次的问题进行探索，从而建立共同工作的机制。那些"解决不了"的矛盾通常表示存在一种更深层次的问题，I 型领导者会把彻底弄清这种问题看作极为重要的事情，因为这是团队共同前进必须搬走的绊脚石。

## 6.3 主动性：以有力的、面向组织的方式实现目标

I 型领导者的主动性是以有力的、面向组织的方式来实现的。他们对工作充满了热情，总是发自内心地采取主动行为，并带领团队其他成员参与其中，承担义务，全力以赴实现目标。

在 I 型领导者身上，各种不同的主动行为在需要做出的努力方面有不同的排列次序，所以他们要制订计划，安排优先顺序，然后执行跟踪，同时随时都在复盘，不断优化计划，以保证计划的健全。当面对两个同等重要的问题时，I 型领导者会把如何评估其重要性放在首位，虽然他们也会对一些关键的问题，比如紧迫性、成本、资源调配等加以考虑，但如果两者同等重要，他们才会对成本和合理利用资源等因素加以仔细考虑。在 I 型领导者的思想里，他们信奉"抓大放小"，并且对方向性的因素特别重视，他们会说："与其陷入细枝末节

中，不如关注方向，方向正确了一切都会顺利。"

主动行为并不单靠 I 型领导者自己来实现，团队以外的人和团队中的每个成员都可以提出各种建议。在这种广泛而自发的主动性规范下，没有一个人说"这件事和我没有关系，让别人去处理吧"。

I 型领导者主动性的正向动力可以归结为："我引进新的活动，目的在于激励团队提高工作效率、创造性地工作，并获得满足。" I 型领导者提出的建议，目的在于使团队的工作取得更大的成果。他们的目标还能使别人像他们一样通过在工作中的贡献而获得满足。他们的热情往往充满感染力，通过这种力量，别人开始对他们的思想熟悉起来，并且逐渐对团队中的一切活动充满兴趣。

I 型领导者主动性的负向动力是："我避免采取那种会分散团队目标的行为，即使我个人可能对某些新的活动感到兴趣盎然。"因为 I 型领导者往往多才多艺，兴趣比较广泛，能够吸引他们的新机会特别多。然而，他们要保证集体的努力面向那些能够取得最大成果的活动，而不是去关注个人活动的魅力。I 型领导者解决这个问题的办法之一，是征求团队中那些能够评价集体行为和个人活动有无关联的意见，如果无关联，大家就要坚持朝既定目标前进；如果有关联，他们会和团队成员一起评价关联的轻重，然后采取行动。

## 6.4 对待信息：全面深入和充分了解信息

I 型领导者对信息的获取和调查是全面而深入的，目标是保证对一个问题的一切方面都能以彻底、客观分析的方法加以评价，以便让面对它的人真正了解问题的本质。I 型领导者通过这种思维方式，对其他人谈论的问题往往心知肚明，他们重视发现事实和数据，善于发掘一个问题的各种相反的证据。这种追求彻底性的热情来自 I 型领导者与生俱来的好奇心。

当然，提出问题是进行调查的基础，但是 I 型领导者提出的问题具有一种独特的性质，它是没有限度、可以随意回答的，目的是促进其他人更深入地提供信息。这是一种双向的过程，下属可以自由地向领导提出询问，正像领导可以询问下属一样。I 型领导者提的问题可以采取这样的形式："你怎样看待这个形势？""你能够了解它有什么意义吗？"或者"你能够向我描述你对这个问题是怎样理解的吗？"这些问题没有设置条条框框，能从其他人口中引出比"是"或"否"更多的话题来。因为所提的问题具有这样一种性质，也就能从一个问题引出另一个问题。同时，提问的目的在于获得更精确的数据和事实，从而帮助 I 型领导者和团队进行更健全的决策。这种对信息的调查建立了一种理解问题的共同框架，使团队成员将孤立的信息集合起来，形成统一的整体。

可以这样认为，"聆听"具有开放和主动的特征。即便如此，聆听者也会感到自己的假设可能会使对方所说的话受到曲解。所以，I 型领导者为了弄清"理解"是否符合原意，会设法把别人所说的话重新诠释，这样，如果有什么误解，就能得到澄清。

全面的调查还包括：与理解问题的复杂性有关的任何信息，并且要加以深入研究。I 型领导者会对书面文件采用先入为主的方式来研究，他们对书面信息的每个细节都会加以关注，并且认为没有任何信息是固定不变的。他们会设法了解作者所依据的基本理论："他们为什么用这些文字来说明这个问题？他们说的情况有没有例外？有没有其他的或更好的方法来理解这个问题？他们用的方法有没有偏见？"在 I 型领导者的思想里，对信息进行重复检查和测验以便了解它们的来龙去脉是非常重要的。I 型领导者可能会对下属这样说："我已经研究了这份材料，但是你是否愿意根据自己的理解对它作个复查，它的结论如果是对的就执行，如果是错误的，你可以提供另一种想法？"

I 型领导者对信息的调查有一个重要的特点，就是理解信息最好的方法是相互依存，这种依存关系要在整个团队内实施，凡是对工作作出贡献的，都能参加对事实、数据和证据的发掘和分析。这个过程能使调查的质量得到提高，因为它使每个参与者都能从更多的角度来考查事实和分析问题，这比单独思考更加全面和客观。

在 I 型领导者的管理思维中，调查的彻底性和深度是一个处于核心地位的重要问题。他们会说："参与调查的先决条件是开展一切工作的基础"，换句话说，就是解决问题要通过思考得出结论，而思考要受到信息资源投入的限制。并且，还要使每个团队成员都知道其他人对问题的看法，这是实施健全的主动行为和决策的基础。

I型领导者调查的正向动力是："我试图对正在发生的事获得充分的理解，并且我也会促使别人这样做，这样，我们就处于最有利的地位来指导团队的工作，并且对我们所做事情的因果关系作出合理的评价。"I型领导者会邀请团队成员一起来探索如何进一步发现问题，他们会提出一种假设，但是必须使团队成员参与到这个过程中来，这样才能准确地描述前进的方向，以及确定实现目标的最好方法。在I型领导者得到了团队成员愿意探索的承诺，以及确信团队成员有了更多的可供选择的不同方法后，他们就可以对最正确的行动路线进行评价。

I型领导者调查的负向动力是："我避免提出那种仅为了推进我个人目的，并且使我封闭在有一个有限的视角里的问题。如果这样做，仅是为了达到我个人的目的。"所以，一个I型领导者总是试图对其他人的观点以开放的方式提出问题，避免引导对方作出有利于某种既定观点的回答，从而造成对事实的理解偏差。I型领导者这种过度忽视个人利益的态度会使他陷入两难境地，从而引发内心的焦虑和不安。

## 6.5 倡导：倡导如实地介绍情况，不作任何保留

I型领导者所倡导的是：如实地介绍情况，信息和观点摆得十分清楚，不作任何保留。对于保留意见也会以光明磊落的方式加以呈现。这种方法赢得了团队其他成员的普遍尊敬，无论他们是否同意I型领导者的观点。同时，这种对信念的坚持也是值得称赞的。但是，如果有人提出否定这种信念的正确信息，I型领导者也会随时放弃原来的主张而采取更为健全的方法。在其他人的眼中，I型领导者是自信而宽容的，他们能听取不同意见，既不僵化，也不武断。

有力的倡导能使每种观点都受到应有的关注，也就是说，必须使团队相信存在一种比习惯的情况更好的解决方案。如果他们不相信改进是可能的，就不可能改变原来的立场，这是一种打破固化思维的工作方法，同时也是每个领导者应该具备的素质。

I型领导者倡导的正向动力是："我对什么是正确的路径感到深信不疑，除

非有人能使我看到还有一种更健全的解决方法。我向别人提供自己的主张，使他们理解我的思想，同时也设法将其他人所持的观点搞清楚。"

I型领导者倡导的负向动力是："我避免排斥别人的意见，并且决不支持有局限性的、狭窄的观点。"I型领导者总是宣称对自己的观点和经验充满了热情，但是对别人的意见依然保持开放的态度。事实上，他们对这种"开放式"的举措也有一丝忧虑，所以，I型领导者总是要求团队成员在讨论他的观点是否正确以前对这个理念作更深入的探索。I型领导者宁可让其他人抱有怀疑态度，也绝不允许无动于衷，因为他们认为这是检验这种举措是否健全的最好办法。如果其他人也相信这种举措是对的，I型领导者就得到了一个有力的赞助者。

## 6.6 决策：希望团队成员参与整个决策过程

在一个I型领导者主导的团队里，大多数的决定在没有作出以前就能呈现出明确的状态。因为团队成员参与了整个决策过程：从提出一个设想开始，然后通过调查和预期评论对设想进行验证，最后通过对各种不同意见的分析和审议，作出正确的决定。通常，决策的责任是由I型领导者来承担的，但是他们不会把最终的决定看成是私有物，相反，由于每个人都有机会参与决策，整个团队都感到对最终决定的参与感。

I型领导者在作决策时，总是希望获得那些受最终决定本身影响人的理解和支持。这是一种最佳状况，因为它意味着一切怀疑和保留意见都能得到解决，也表明团队成员已经同意为达成这个目标而努力的决心。把"理解"和"同意"这两个词连接起来非常重要，因为没有理解的行动不过是服从和盲从而已。所以，除了设法取得其他人的意见外，对那些参与执行决定的人提供说明也是非常关键的步骤。这样，人们就能懂得为什么要做出这个决定。即使有些人采取保留意见，团队成员对最终的决定也有责任感，因为他们在决策过程中贡献了自己最好的想法，并提出了自己的怀疑和保留意见。

但是I型领导者的决策并不表示每个人都参与了所有计划的制订。因为让不能对解决某个问题作出贡献的人也参与决策，在I型领导者看来并不是一种有效利用人力的方法。他们想看到的是"谁能作出贡献"和"谁会受到这个决定的影响"。其他无关的或非关键因素不在他们的考虑范围内。

在结束对决策讨论以前，对授权作较仔细的考察是合乎逻辑的，从 I 型领导者的角度看，授权为人才培养和开发提供了重要的机会。领导帮助下属在一个新的领域获得经验，会增强下属的自我驱动力量和个人成就意识。虽然最初帮助下属开展工作会花费一些时间，但从长期来看，授权可以使领导腾出更多的时间做其他重要的工作。

马莉授权一个新来的下属开展一项工作，工作开展得很顺利。一天，马莉和同事沈畅一起吃午饭，沈畅向马莉请教指导下属工作的方法。马莉说："我对那些新来的缺乏经验的下属指出存在的问题，并且与他们进行透彻的讨论。我问他们可能采取什么方法来解决问题，然后在他们完成任务以前对他们的想法作出评论，同时一起探讨他们可能忽视的地方。我要求他们向我汇报工作的进展，以便能一起评价在完成任务的过程中所遇到的问题。"

沈畅对马莉的做法非常认同，马莉接着说："当一个比较有经验的下属找我帮他解决问题时，我问他是否和其他同事交换了意见？我试图对他灌输一种自己寻求答案的工作理念，而不是'等待上司告诉我'。获得同事的帮助和支持，以及相互依存的协同工作方式，都是成功授权和人才培养所必需的。"

I 型领导者决策的正向动力是："我所作的决策反映了能够得到最好解决方案的想法。我设法使那些依靠理解和贡献取得成功的人参与决策的制定。"

I 型领导者决策的负向动力是："我避免作出那种破坏主要问题的决策，以及那种排斥主要资源使用的决策。"在 I 型领导者的团队中，他们可以专横地要求团队成员做某件事，但是绝不会获得保证这件事成功所需要的承诺。相反，他们认为重要的是如何让团队成员参与到决策过程中，这样他们就能理解并献身于这种努力。

## 6.7 批评：通过批评，努力争取整个团队之间的高效协作

所有类型的领导者都有某种形式的反馈，这种反馈可以是 C 型领导者中的信息专递，也可以是 S 型领导者中肯定的评价。然而，只有 I 型领导者才是唯一能跨出这个范围，把批评概念也包括进来的人。批评是指对某种活动连续性的考查和重新思考，他不仅要考虑决策中的"什么事"和"什么人"，也涉及"怎样"和"为什么"。客观的批评容许人们对情况好坏作出客观的分析。但是，我们往往在情况顺利的时候忘记了复盘，回顾成功是如何取得的，以及成功背后的经验和教训。相反地，我们总是赞美自己，往前奔跑，对于"什么是我们做得对的，什么是我们应该改进的"没有概念，因而也不知道将来应该如何重复这种努力，只好靠碰运气。对我们正在做的事进行连续的考查，可以保证整个过程自始至终是有效进行的，从而增大取得成功的可能性。

有时我们在有效性方面会遇到障碍，无论何种原因，有一点是显而易见的，它们妨碍了工作的开展。这些障碍包括：错误的逻辑、既得利益、隐藏的议事日程、猜忌、自私、时机不当，以及对可供选择的方案视而不见、对潜在的资源缺乏认识，甚至发生恐吓的评论。I 型领导者提出批评的方式是：通过提供一个反映问题和采取评价的机会，可以消除以上这些障碍，从而使批评成为一种掌握前进方向的机制，避免我们作出不够全面、不够客观的决定。

在 I 型领导者的思想里，批评并不限于只告诉别人"哪些事做得好"或"哪些事做得不好"，单独作出贡献的情况是少见的。所以，I 型领导者首先会采取自我批判，从自身找原因，并接受团队成员的不同反馈，当我们能开展自我批评时，也就增强了制定健全决策的潜力。对"双循环反馈"的使用，使人们可以从经验中得到学习的机会，而学习正是 I 型领导者获得满足感的另一个来源。

有效的批评具有以下属性：

（1）建立一种公开和坦诚的气氛，从而促进"最优"决策的生长。

（2）批评贯穿于一项活动或任务的整个过程，而不仅在开始或结束时

进行。

（3）对于正在发生的事情以及产生的后果进行深入的理解。这一点加强了这样一种观念：在一个事件结束之后应该尽可能及时地给予评价，以便清楚地发现原因和结果之间的关系。

（4）认为批评不是判断，不是给事情贴"好"或"坏"的标签。

（5）将注意力集中在与当前任务有关的事情上，而不是和个人生产效果无关的某些意见。

（6）重视行为的后果，发现行为如何影响团队其他成员的生产效率。这一点可以帮助每个成员懂得在未来的活动中怎样用更健全、更有效的方式工作。

I型领导者行使批评的正向动力是："我努力争取团队成员之间的协作和相互依存。批评使我和别人能够从工作中学习到某种东西。"I型领导者常常会开展"复盘"性质的批评会，他们会鼓励团队对行为和当前活动作深入的评论。试想一下，我们在日常工作中特意安排批评的会议究竟有多少？因为人们往往认为这种会议太浪费时间，或者担心会危及融洽的关系。但这种想法往往会使团队丧失很多的机会。从长期来看，批评可以节约时间，使人们用"协同作用"的方式以积极的态度开展工作，并且使人们在相互信任和尊敬的环境中团结得更为紧密。批评也是培植高绩效团队最有力的工具。

I型领导者行使批评的负向动力是："我要避免进行主观的或者为增进自己利益为目的的批评。我试图从已经完成的工作中学习经验和教训，以便将来能够做得更好。"

# 第7章 互动模式：与不同类型下属之间的相互关系

　　I 型领导者最有可能在和别人交往中取得积极的结果，无论对方是什么类型的人。因为他们在和别人交往时能让对方上升到解决问题的水平上来。简单地说，I 型领导者能使团队成员以一种更高效的心态一起工作，也能使人们贡献出他们最好的东西。

## 7.1　与 D 型下属合作的各种反应：能够以健全的有效方式一起工作

　　I 型领导者对成果和工作过程高度重视，这同样会感染他们的下属。由于 I 型领导者光明磊落，下属不会对他们的热情感到怀疑。由于他们愿意帮助别人，下属也不会感到被利用。通常，一个 D 型下属会对 I 型领导者的方法持怀疑态度，并认为这种方法是"软弱的"，因为它包含了对人的关心。所以，一个 I 型领导者的首要任务是培养下属的信任，主要方法是让下属参加解决问题的讨论。而且这个讨论不是一场意志的较量，因为领导很重视下属的想法和意见。D 型下属很快会发现，领导知道他正在谈论的问题。

　　I 型领导者对于下属提出的问题和担心也会以公开和直接的方式给予回答。他们不会吞吞吐吐，相反，直接抓住事情的要害，给予反馈，会增加相互间的信任和尊敬，为双方有效合作打下坚实的基础。

## 7.2　与 I 型下属合作的各种反应：相互吸引，波长一致

　　对于 I 型领导者或 I 型下属来说，同另一个 I 型人交往是一件非常愉快的事。他们一见如故，彼此的波长一样。双方的讨论不仅是解决问题或利用一个

机会，而且这种讨论是在事实、数据和逻辑推理的基础上进行的。双方都在努力保证目标是清晰和正确的，他们对要采取的任何一种行为，都会仔细评估是否妥当。I型领导者所采用的方法，是为下属参与解决问题并取得成功创造条件。

I型领导者由于能够在寻求解决问题的行动中合理地运用知识，所以能得到下属的尊敬。这种相互信任的关系可以用"自发"一词来形容。这里不存在保留和试探，只有相互信任和尊敬的态度。这使参与成为一种"给"与"取"的自然过程，是一种无条件的、积极的支持，而不是一种交换。领导和下属都可以自发地讨论，还能怀疑和保留意见，而且不会担心会引起否定的反应。由于双方通过对工作的评价和反馈学到了东西，他们都获得了满足感。这是一种以相互依存和协同行动为特性的联合体。

## 7.3 与S型下属合作的各种反应：取长补短，一起成长

S型下属能感到I型领导者对他们的关心。由于这个下属想要讨好领导，他可能对任何要求都表示同意。I型领导者很快就确信，有必要使这个下属的知识基础得到充实，并且提出对绩效的明确要求。在可能的范围内，他们还会鼓励下属对怎样完成任务提供设想，同时，I型领导者提出的开放性问题也有助于下属产生新想法。

I型领导者努力追求卓越的成就，并且推动别人也接受这种价值观，虽然目标较高，但是仍然是切实可行的。I型领导者与这个下属一起工作，并保证所提的要求是下级能够做到的。这种做法的目的能使下属的能力得到提高，也会使他的工作态度得到提升。

I型领导者并不会批评这个下属缺乏责任感，但是会为他提供富有建设性的批评和发展的机会。他们遇到的一个问题是这个S型下属不懂得拒绝，所以对建议是否正确不能提供多少真知灼见。他们很早就懂得：获得你想要的东西，就能获得幸福感，前提是必须亲切待人。但在现实世界中，单靠这种处世哲学是很难成功的。当他们受到伤害时，就怀恨那些对他们的好心不领情的

人。然后他们试图在下次作出更大的努力，更加亲切地对待别人。I型领导者可以通过把S型下属的行为同这种行为引发的结果联系起来，为下属提供帮助。

人们总是追求一种"目的意识"，I型领导者能够通过工作来帮助下属做到这点。如果你不去尝试，就不知道自己缺少什么，所以，I型领导者会积极帮助下属体验通过作出贡献所获得的满足感。一旦下属了解到如何将工作同对人的关心结合起来，他们就走上了在组织内成为一个有更大价值成员的道路。

## 7.4 与C型下属合作的各种反应：热情与冷漠

I型领导者具有一种潜在的可能，可以激发一个C下属的热情，使他们对工作充满兴趣和信心。为了克服C下属的冷淡情绪，领导努力用知识和热情进行工作，目的是寻找可以激发下属工作兴趣的办法。不加限制的问题也有助于激发C下属活跃的思维。建立在相互信任和尊敬基础上的交往，可以使C型下属重新审视自己。通过对工作的授权和利用批评、反馈来监控进程，可以使下属获得一种成就感，并增强自尊心。I型领导者不会让下属对自己的冷淡无动于衷，他们会使C型下属从封闭的环境中解脱出来，回到开放和坚强的状态中。

I型领导者不断推动下属作出贡献，以及让下属积极参与团队活动。对于这个下属来说，作出退让并按领导的要求去做，比继续躲避参与的邀请更容易做到。

# 第8章　提升方略：借用情感共鸣和交际技巧维护和完善人际

在不懈地追求成功的过程中，I型领导者往往牺牲了更深层的人的需求，包括自己的感受和周围人的感受。

I型领导者往往非常成功，随着时间的推移，他们已经学会对周围形势进行精准的判断，知道成功需要哪些条件，并为了迎接这些挑战随时调整自己的目标和行为。精力充沛，以目标为中心，I型领导者总是一心专注于结果，寻求人们的认同和肯定。他们往往只关心做些什么，却丝毫不留意内心的感受：享受目前这一时刻的欢乐，与工作环境以外的朋友和谐相处，把时间花在私人生活所带来的幸福感上，这些都是I型领导者常常忽视的感受。

因为I型领导者属于"以情绪为中心"的人，人们有时会奇怪为什么他们不愿意处理内心感受问题，不管是自己的还是别人的。事实上，I型领导者对内心感受非常感兴趣，然而一旦他们开始关注某人的感受，目的往往是要赢得对方的尊重或敬畏。很多I型领导者非常了解自己这方面的想法，因此，他们不愿意花太多时间考虑或者分享感受，避免给他人造成压力。

如果I型领导者觉得压力过大或者非常担忧，感到不安，他们会采取延缓的策略，暂时停止前进，然后从事一些能帮助他们暂时忘记忧虑的活动。有时，I型领导者不再过分驱使自己工作，而是放下重担，开始考虑自己内心对不同事件、不同人的各种想法和感受。

## 8.1　学会拒绝，充分授权，控制情绪

学会拒绝：I型领导者应该学会说"不"。在适当的时候对工作说"不"，以免过度消耗自己的精力，透支自己的能量，影响健康，牺牲对家庭和子女的

关注，或者出现内心紊乱，使痛苦、沮丧、愤怒和不满不断累积。

充分授权：I型领导者应该减少团队成员对自己的依赖。把工作交给同事去处理，让他们做决定、寻找解决问题的路径，而不要事事都自己处理。

控制情绪：I型领导者在管理的时候，应该多一些客观、少一些情绪化。当I型领导者亲切地对待那些让自己感觉良好的员工时，同时对那些挑战自己或厌恶的人给予否定时，要记住"三思而后行"，因为自己所做的评价和决定不一定是最好的，要更多地关注策略和工作本身，而不是人。

## 8.2 关注他人，减轻压力，调节心态

关注他人：I型领导者应该多关注一下自己的行为对他人的影响。I型领导者对目标实现和效率的双重关注可能导致对人的忽视。他们应该告诫自己"在每次做决定以及对结果要求非常严格时，别忘了分析一下可能对别人造成的影响"。

减轻压力：要学会减轻自己的竞争意识。记住，不是所有的事情都是一场竞赛，非要分出个胜负。不要把和别人的谈话变成一场针锋相对的辩论。I型领导者要注意发挥自己坦率、包容和友善的优点，重视与别人进行协作的重要性。

调节心态：有意识地了解真实的自己。I型领导者天生具有"进行自我实现，发现真我"的天赋，只是有时会被压力、焦虑和不安遮蔽，转向对工作和目标的关注。当I型领导者发现自己开始偏离正常的轨道，应该有意识地停下来，反思自己的行为，然后将偏离的行动调回正常的轨道。

# 第3篇
# 战略型领导者

# 认识S型领导者

　　S型领导者的任务就是创造一个结构清晰、和谐友善的工作环境，并给予团队成员关照与支持，促使大家共同努力完成集体的计划，如图3-0-1所示。

+ 使人高兴的愿望

喜欢在思想上征服所有人

富有同情心

喜欢融洽的环境

赞美

同情的

过多地表扬

过分地渴望

过分深信不疑

柔顺的

过度地帮助

人际关系是重要的

S型领导者

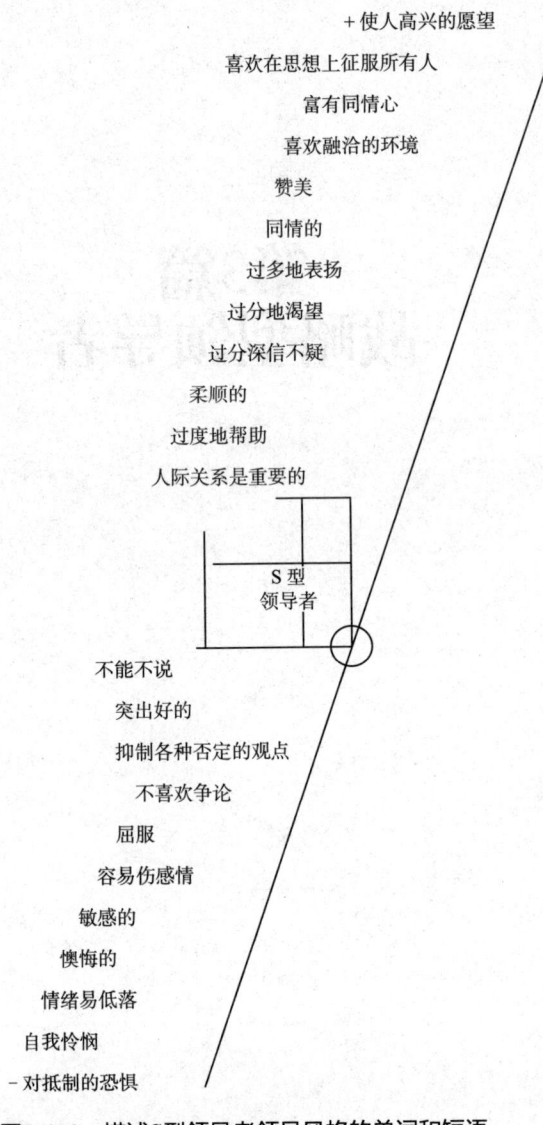

不能不说

突出好的

抑制各种否定的观点

不喜欢争论

屈服

容易伤感情

敏感的

懊悔的

情绪易低落

自我怜悯

- 对抵制的恐惧

图3-0-1　描述S型领导者领导风格的单词和短语

S型领导者看重协作精神，愿意提供清晰的规划、时刻关注运营过程中的最新细节，他们创建的团队往往和谐融洽，但具有逃避冲突、回应缓慢、谨小慎微的缺点。

S型领导者往往会创建一个包容、协作、和睦的工作环境，促使大家共同努力一起完成工作。S型领导者享受运营公司的复杂过程，以及随之而来的挑战和任务，员工通常会发现他们容易接近，愿意向员工提供帮助。一般来说，S型领导者不愿意过于直白地发表个人观点，他们传递观点的方式往往简洁、含蓄和抽象，但对员工却非常关注，员工也觉得S型领导者的言行鼓舞人心，让人满意。

通过收集公司的细节信息以及自身运营管理的才能，S型领导者往往能抓住关键问题，极富战略远见。他们希望了解事情的进展，每天都关注公司的运转细节。这种方式虽然有用，但也会造成很大的障碍，尤其表现在S型领导者的办公桌上：堆满了等待签阅审批的文件。这种要检查所有信息的领导风格，加上S型领导者瞻前顾后的特征，会导致公司或团队停止运转，或者至少会让很多员工因为没有等到上司的批示而不得不停下手中的任务。

S型领导者并不想拖延工作，造成这种领导劣势的原因是他们的实用主义在起作用，当S型领导者感到还没有找到"方式和结果之间的关系"，还没有发现"最高效的方法"时，他们往往会停下这个任务，在没有找到更高效的解决方案前，他们会投入其他任务中。这样的恶性循环，在别人眼中就会变成一种拖延作风。

无法分清轻重缓急还与S型领导者想要逃避冲突的想法密切相关。他们虽然善于创建和谐的工作氛围，擅长调节分歧、达成一致意见，但如果遇到可能破坏和谐气氛的情况，S型领导者是不愿意作出决定或者可能引发冲突的事情，以防在工作环境中产生一些不和睦的因素或者导致员工的愤怒。作决定就意味着有些人可能不会同意自己的观点，而对一方有益的决定可能会让另一方不开心。最好的办法就是暂缓工作地进行。冲突往往让S型领导者觉得不舒服，他们尤其厌恶那些直接针对自己的愤怒，所以S型领导者宁可拖延目标，也会竭尽全力维护和睦的氛围，不让员工感到烦恼。最终，S型领导者虽然会完成所有任务，但往往很不准时，投入的成本和精力也会很高。

S型领导者不太坚持己见，也不喜欢对他人提出过分的要求，这种谦逊、低调的作风可以为他们赢得员工的爱戴。然而让S型领导者感到沮丧的是，很多时候，人们往往不像对待别人那样重视他们的观点，这会让S型领导者有一种被忽略的感觉。这种结果的始作俑者正是他们自己，由于S型领导者总是采取一种随便、谦逊、内敛、简单的方式表达自己的观点，别人也许根本意识不到这个观点是他们强烈坚持的。

当面对复杂的问题时，S型领导者会提供多种不同的观点，并对这些观点如何发挥作用做出解释。在讨论那些没有直接牵扯到自己的冲突或决定时，S型领导者也会把双方的观点都罗列出来，或者只提出一方未表达出来的观点。他们认为所有不同观点都应该被考虑到，包括会引发冲突的观点，有时S型领导者这种行为，让员工很难分辨出他们的立场。

即使在处理一些对自己非常重要的问题时，S型领导者这种不直接表达观点的言谈特点仍然非常明显。比如，绝大多数S型领导者愿意按照自己的时间表作出决定，如果觉得有人在逼迫自己做些别的事情，他们的内心往往会非常不满，但又不会直接表示拒绝；他们可能的反应就是什么也不说，什么也不会做。如果在有压力的状态下，这种消极抵抗的行为方式表明S型领导者不愿意和别人直接对抗，从而避免冲突，然而这会让别人对S型领导者真实的决定和计划感到茫然不知所措。

S型领导者不喜欢命令，当感受到压力时，他们往往会变得激动、尖刻、内心充满怀疑。他们可能会质疑别人的动机，或者表达一些对别人苛刻的负面评价。S型领导者感觉舒适和放松的时候，工作效率会很高，对结果非常关注，这时他们会表现出I型人的特点。

# 第9章　思维定向：思辨、稳定与和谐

对 S 型领导者"思辨、稳定与和谐"的思维定向可以这样来定义：

对战略规划的擅长，就是我们常说的"战略思维"。S 型领导者总是与战略紧密相连，或直接或间接，他们的领导风格就是"制定战略，分析战略，实施战略"。无论是 S 型企业家，还是公司的各级管理人员，他们都是大大小小的"战略管理专家"。

S 型领导者的战略能力体现在他们卓越的系统工作能力上，即找到实现某个明确目标所需要的复杂方法，无论是作为规划复杂秩序的协调专家，还是作为建造复杂结构的制造专家。相对于 D 型领导者的"战术思维"和 C 型领导者的"后勤思维"，对战略思维的观察更加困难。因为战术和后勤是两项具体而实际的操作能力，因此，它们比抽象的战略规划能力更加直观。如此一来，虽然 S 型领导者和其他人一样，也希望自己能获得领导、下属和同事的欣赏，但是他们又对这些人是否能够明白自己的战略能力表示怀疑。

当然，如果 S 型领导者加入了某个智囊团、技术研究机构，或者一家 IT 企业，这些组织的员工大多是各种类型的 I 型人或 D 型人，那么，S 型领导者可能会觉得自己的能力稀松平常，并且会把拥有这项能力当成理所当然的事情。然而，更常见的情况是，在其他任何一个工作场所，我们能找到 S 型领导者不过寥寥几位，所以 S 型领导者必然会对其他人是否能够欣赏自己的战略能力表示怀疑，更不用说观察。那些能够从事战略工作的 S 型领导者无疑是幸运的，而心满意足的他们也会时不时地鼓励自己，然后从自己热爱的工作中感受到无穷的乐趣。

S 型领导者的"战略思维"，在工作中具体表现为"协调""创造""预想""目标控制"和"怀疑"五种能力。

## 9.1 协调：具有强烈的规划意识，对各项工作都了然于心

在处理系统工作时，相对于组织而言，协调能力更专注秩序。这些具有强烈规划意识的 S 型领导者对于各项工作都了然于心：想做什么以及什么时候能完工。而在指导他人按照自己的行动方案工作时，S 型领导者也表现得极其果敢且毫不羞涩。同样，按照 S 型领导者表现能力的强弱，协调能力又衍生出两种能力：善于表达的指挥能力，矜持内敛的策划能力。

### 指挥能力

拥有指挥能力的 S 型领导者最擅长排列等级秩序，这是一种与生俱来的天赋。他们能够征募任何可用的人力和物力资源来满足执行某项战略计划的需要，然后发布一系列命令，来确保战略目标的达成。拥有这项能力的 S 型领导者，也被称为"指挥领导人的人"。在商业领域，他们凭借出众的指挥才能，调兵遣将，指挥团员攻克一个个难关，所向披靡；向下属发布指令，分派任务，以及挑选达成预期目标所需要的最有效的人力和物资。尽管 S 型领导者为数不多，而且在各种劳动群体中所占的比例不高，但是他们的指挥能力却是所有 S 型领导者中最容易发现且最引人注目的一项天赋。因为拥有这项能力的 S 型领导者总是会大方地站出来，成为各项行动的指挥者。

### 策划能力

拥有这项能力的 S 型领导者堪称排列次序的"策划大师"。他们能针对任何一个复杂的项目，井然有序地安排各种连续性的操作行为，不仅会将所有可以预测的紧急状况都包含在计划内，还会采取各种有效的措施确保项目的顺利实施。S 型领导者就像雄鹰一样，用他们那锐利的目光从高空纵观全局，将所有的一切都尽收眼底。

一旦确立了目标，S 型领导者会立刻着手制定战略战策，设定各项事务的优先级，并且制作细致和精准的流程图，力求在实现目标的同时将时间和资源

的浪费控制在最低程度。

S 型领导者善于制订针对偶然性事件的应急方案，但不擅长制订强调内部有机结构的组建方案：前者侧重于应对某事发生或不发生所带来的结果，而后者主要体现复杂结构的有机构成。

在工作中策划能力不像指挥能力那样引人注目，但是，无论是作为领导的得力助手，还是作为领导者，拥有策划能力的 S 型领导者完全有能力胜任肩上的职责。只不过，当面对明确的目标，团队成员束手无策，拿不出高效率的实施办法时，策划能力往往可以统筹兼顾，使所有事情重新步入正轨。

## 9.2　创造：善于探索，富有创新精神

S 型领导者的创造能力体现在精巧的组织工作方面。这些善于探索的 S 型领导者常常会被各种科学原理吸引，并善于用它们来解决实际问题，以及创造有用的模型和原型。此外，这些资讯性的 S 型领导者更倾向于展现自己的工作项目和进展，而不是指引他人服从秩序。

拥有创造力的 S 型领导者会根据脑海中明确的功能设想来设计组织或事情。正是这种创造力，才使组织能与时俱进，不断创新，适应复杂和变化的商业环境。可以说，他们是最富创新精神的领导者。

策划能力最初会使 S 型领导者从设计工作入手，但最终还是回到协调性工作中；创造力会使 S 型领导者没有半点指挥他人的欲望，相反，他们会专注于探索，收集各种信息，然后汇集在一起，设计具有超前意义的事物。因此，尽管他们的创造最终会给企业带来丰厚的回报，从这点来说，拥有这种能力的 S 型领导者也算是性格"外向"。但是，在实际工作中，创造力往往得不到团队成员的欣赏，因为这种能力的释放是循序渐进、潜移默化的。

此外，创造力还使 S 型领导者设计和创建了工作中的许多工具，从公司的信息化系统，到企业的组织架构，再到质量过硬的产品，无一不是他们的杰作。一套完整的信息化系统，一个设计好的产品固然是直观的，但是，创建这些的操作过程就不那么一目了然，便于观察。因此，对于 S 型领导者，人们

了解得更多的往往是经他们创建的成品，而不是他们设计和创建这些成品的能力。

## 9.3　预想：擅长思辨和战略规划——预想家式的领导

我们可以把 S 型领导者称为"预想家"，因为他们拥有一种预见能力，能够预想到组织的未来目标，然后开始构思战略发展规划，从而确保以最高效的路径实现目标。

S 型领导者常常为自己的创造力和技术能力（包括管理技术）感到自豪，并且希望通过自己对各种系统要素的天生领悟将复杂的事情简单化，令脑海中的模型和构思跃然纸上，同时不断提高自我挑战的难度。当面对来自有关战略性工作的召唤时，S 型领导者通常会欣然受命，如果工作性质要求他们创造某种新事物或原理，S 型领导者甚至会表现得乐不可支。

作为一名卓越的预想家式的领导，S 型领导者的预想能力包含 8 个要素，这些要素构成了他们的领导风格：

（1）提出一个远景目标，并对这个目标一再重申和肯定。

（2）坚持不懈地在追随者中传播这一目标。

（3）建立强大而稳定的团队。

（4）寻找足智多谋的得力助手。

（5）鼓励创新。

（6）劝服而绝不强人所难。

（7）用故事来影响团队成员。

（8）以绩效为本。

按照 S 型领导者的管理风格，他们认为，无论自己属于何种类型的管理者，都应当将脑海中对各种事件的假想清楚且反复地告知身边的追随者；与团队成员保持密切而频繁的接触，从而加深并巩固与他们的关系；不断寻找和发现从团队成员身上迸发出来的智慧火花；用一种欣赏的眼光来看待团队成员所带来的有益改变，并将自己对他们的这种赞赏之情明确地表达出来；坚持为团队成员的行为提供令人信服的理由；讲述一些团队成员感兴趣的逸闻趣事，使他们保持快乐的心境；最后，始终关注他们的绩效，以绩效管理和目标管理的方式来提高他们的工作效率。

S型领导者的管理风格最后必然要以"绩效管理"和"目标管理"的方式展现出来，可以说，他们是名副其实的"绩效专家"。这又会衍生出一种与预想能力紧密相关的能力：目标控制能力。

## 9.4　目标控制：擅长制定周密的目标并保证目标的实现

S型领导者对目标的控制是通过绩效管理来实现的。绩效管理是一种卓越的领导模式，对S型领导者来说，长远的战略规划自然享有最高的优先级，而战术变化与行动、后勤部署与支援、交际协调与交互只能尾随其后。

事实上，这些预想家式的领导者所制定的战略规划不仅影响深远，而且包罗万象，涵盖了所有与目标实现有关的设想。S型领导者还试图借此预测，为后续工作所需的战术行动、后勤支援和人际沟通制订实施计划，从而使那些具备不同能力的人可以各施所长，确保各项工作的顺利进行和完成。

D型领导者、I型领导者和C型领导者可以分别为组织提供战术应变和即兴发挥，人际交流和调解，支持和后勤维护，却偏偏无法做出战略安排和布局，尤其是在需要考虑诸多要素的大型组织中，因为这是S型领导者的特长。S型领导者能快速而轻松地完成各种多元化分析和流程图的制作工作，而对其他类型的领导者而言，这无疑是一项费时耗力的艰巨任务。借助这些分析工具，S型领导者会以雄鹰那样高瞻远瞩的视角纵观全局，制定出包含所有应急措施在内的目标实施规划，然后制定周密的绩效管理制度，保证目标的实现。

如果没有这些睿智的领导者，组织内的各项目标很可能会短视和功利，或者因为拖沓而迷失在前进的道路上；而缺乏长远规划，还可能造成不断试错，甚至各种与实现目标无关的方式方法也会不断地繁衍和频频跳出来。这些问题，不仅会阻挡团队成员的视线，还会增加运营、管理和沟通成本，降低工作效率，拖延目标的实现。一旦组织的运作方式不再严格地效忠于目标，帕金森定律中的"方式决定结果"将会成为组织的主宰者，使组织不断偏离航道，最终走向失败。而能确保组织始终行驶在正确航道上的正是 S 型领导者的战略预测能力，以及效率至上的实用主义。

## 9.5 怀疑：具有怀疑精神和高超的观察能力

　　S 型领导者懂科学、重视技术且擅长系统工作，正因为这样，他们思想开明，非常乐于看到和接受新的美好事物，并且十分重视和支持与此相关的研究、开发和管理工作。在组织中，特别是商业组织，目前存在的事物可能随时发生变化，而事实上也经常如此。S 型领导者对所有的规划、步骤以及工作都心存怀疑，就是自己的制订的计划，只要不符合目标的实现，他们也会果断推翻。因为 S 型领导者善于反思、反省和复盘，在他们的意识中，只有那些符合目标的实用性标准和事物才能得到 S 型领导者的认可，并继续存在下去。

　　S 型领导者这种怀疑精神使他们具有另一种相关能力：观察能力。当 S 型领导者运营和管理一家企业时，任何形式的官僚主义，如拖沓、推诿、投机取巧、延迟等这些破坏企业和谐，阻碍目标实现的行为都难逃他们的法眼，一旦发现，S 型领导者会坚决地予以取缔，就像外科医生切除病人体内的恶性肿瘤一样。

　　I 型领导者和 C 型领导者常常会在不知不觉中成为帕金森定律的受害者，或者偏离目标，或者安于现状，放任官僚主义在企业的生长和蔓延。在同种情况下，S 型领导者则会坚持不懈，甚至无情的反击。他们决不容忍自己管理下的企业出现任何形式的官僚主义，任何地方、任何时候都不行。因此，一旦发现任何降低组织效率的因素出现，S 型领导者会立刻将它们扼杀在萌芽状态。

# 第10章 领导风格:"不要沮丧,高兴一点……"

S型领导者的风格特征通常是对事关注较少,对人关注较多。他们往往认为,生产上的需要与人的需要经常会互相干扰,这是S型领导者不能容忍的。

S型领导者会说:"人才是决定性的因素,不能像对待各种商品那样对待人,也不能按某种标准和尺度来衡量一个人。人的各种感觉和态度才是最基本的要素。"作为一项结果,各种条件是这样被安排的:必须使个人和社交的需要在工作中得到满足。当对生产的需要影响这些需要时,S型领导者会担心员工不高兴,士气低落,从而影响工作进度。因此,S型领导者会形成一种"乡村俱乐部式"的管理风格,这个风格是:对人们建立满意的人际关系的需要给予支持,同时会建立一种舒适的、友好的组织气氛和工作步调。

S型领导者会用各种间接的方法实施领导,这些方法的目的是:创建一种同志间的忠诚、友善和团结的氛围。但是这种做法会造成忽视和贬低生产重要性的后果,尽管这种做法有时是无心的。S型领导者的信条是:只要人们之间保持志趣相投的气氛,生产方面的事情可以由生产本身来处理。

S型领导者总是避免把自己的意志强加给下属,并说:"为了获得各种成果,我宁愿帮助别人,而不是驱使他们。你不能压制人们去做各种事情。另外,如果你待他们很好,他们就会自觉地按照你的要求做事。"这种态度的结果是,S型领导者在实践中无心地将注意力从完成任务转向建立温暖和友好的关系上,从而导致工作的拖延或生产效率的低下。

人们总是与自己喜欢的人按某种容易达到的速度工作。他们的关注点集中在协调一致和自己喜欢的领域,这势必导致僵化和保守。因为创新和改革会破坏这种人际和谐,甚至会引发争论,他们会努力保护这种稳定的人际结构,其他的都无关紧要。

由S型领导者主导的企业文化,因为各种需要解决的问题被搁置在了一边,"直到晚些时候"再解决,势必会降低生产率,增加不必要的成本,最终使生产遭受损失。

## 10.1 需求：使人高兴的愿望

S型领导者把"使人高兴"作为从事一切活动的全部，但是在某种程度上他们不理解为了获得各种成功，人际关系其实是和生产紧密相连的。维持相当好的人际关系本身就变成了一个目标。S型领导者往往忽视对事情和资源的关注，他们总是将精力投入对和谐人际关系的培养中，因为建立融洽的关系可以使S型领导者的各种需求得到满足。他们的理由是：按照这种方式也能获得成功。

图3-10-1说明了S型领导者的各种需求动力，这些动力构成了与其他人一起工作的风格。

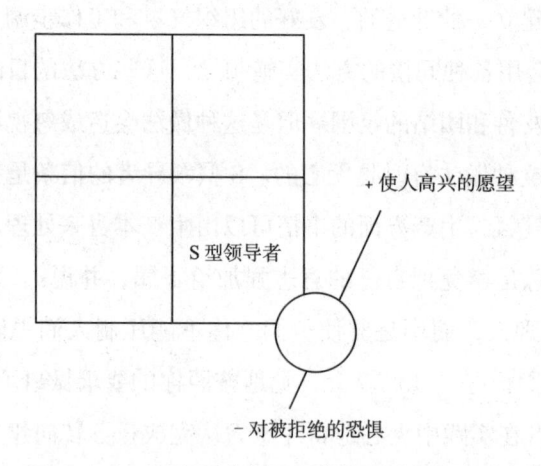

图3-10-1　S型领导者领导风格的正动力和负动力

当各方面的关系处于积极状态，或者其他人表示同意与赞成时，S型领导者就会感到安全可靠。他们在这方面的设想是："假如我对人们很好，他们就会喜欢我。"这种假设反映了人们的善良、相互帮助、仁慈和互相同情的特点。这些感情是相互联结的，并且传递了这样一个事实：S型领导者的心肠很软。

S型领导者对其他人想到的和感受到的事情可能非常敏感，因此他们非常渴望获得人们的各种感激。当其他人表明了赞成态度时，双方就会产生一种协调一致的感情。由于这些原因，S型领导者总是寻求创建一种热情、关爱和赞同的气氛。用"恭敬"和"迎合"这两个词来描述S型领导者的正向需求是极其贴切的。S型领导者最大的愿望是建立一种热情而团结一致的气氛，当处于这种气氛中时，他们各种正向的感觉就会旺盛。作为一种结果，S型领导者对生产的关心是极小的或者仅仅是对人的关心的一种副产品。

S型领导者对需求的负向动力是：对抵制和拒绝的恐惧。抵制会使S型领导者处于"受伤害甚至是深深的受害者"的状态。在他们眼中，批评被看作是一种抵制的形式，所以S型领导者为了努力避免批评，会对批评的信息保持警惕。对批评一种典型的反映就是避免进一步受到伤害，但是，这种愿望扩大了S型领导者与批评者之间的对立情绪，而这些人的同意和赞成正是S型领导者所追求的。

因为S型领导者喜欢与其他人共同工作，而不愿单独行动，他们真正的目的不是逃避现实，而是竭尽全力避免受到其他人的抵制，结果就是恳求别人接受自己。当S型领导者与别人出现不愉快的情形时，他们会想："过去我感到被抛弃，为了恢复这种友谊，我想尽了一切办法。"

"我不够好"的这种想法可能是从S型领导者低估自我价值的各种感触中产生的。他们常常想："假使我稍微努力一些，假使我再多做一些，假使我做得再特别一些，别人就不会对我不高兴了。"处于负向动力的S型领导者甚至会产生内疚的感觉，因为，很明显，他们做过某些错事，否则这些负面的感触不会出现。

## 10.2 情绪管理：讨厌争论，选择和谐，避免冲突

由于S型领导者会把意见不一致看作人的问题，他们非常排斥争论。被抵制的不是S型领导者的思想或建议，而是他们本身，因为他们感觉到没有被人们信任。他们常常问自己："人们现在一定不喜欢我了，否则，他们不会抵制我说的事情。"对S型领导者来说，"我"说什么或人们认为"我"曾经说过什

么,与"我是谁"具有相同的含义。所以,S型领导者为了安全,会极力避免争论,如果可能,他们会附和其他人提出的任何意见,而不采取某种立场。

### S型领导者如何预防矛盾

如果可以选择,S型领导者会选择停留在安全的地方,这个方法可以使争论"失去爆发的机会"。

防止争论的方法是创造一种愉快的气氛,在这种气氛中,人们总是希望"不要出现争论"。通过对人们的个人生活,比如家庭、各种业余消遣、各种度假计划的关心,可以拉进S型领导者与其他人之间的关系。对共同工作的人给予肯定和赞扬,可以增强人们之间的"热情"意识,同时有助于宽慰情绪低落的同事或下属。这样做的目的是创建一种协调一致的工作气氛,这种气氛使人们完成各项任务成为可能,否则,这些任务是难以完成的。由于S型领导者表现得通情达理和善解人意,他们更加期望人们会高兴而努力地投入工作。这种思想的来源是:在人际关系方面协调一致,工作自然会取得满意的成果。

S型领导者鼓励人们谈论自己喜欢的事,不鼓励他们把注意力集中在各种分歧上。因为他们认为各种分歧已经被解决,人们就能在某种宽松的气氛中和其他人交往,这种风气,从表面上看,表现为S型领导者已经摆脱了各种紧张和焦虑的情绪。这时S型领导者会说:"我对人的关心表现在对他们的各种感情的敏感性上面,我感激他们所做的各种事情。"他们的工作格言是:"假如你不能把某件事情做得很好,那就什么也不要说。"当S型领导者被其他人围绕,而这些人也强调人际关系的和谐时,各种必须被解决的矛盾就会趋向于被忽视或搁置。最后,这些问题会不断堆积,不断扩大,成为各种危机的来源。

日常闲谈使S型领导者能对人们的士气进行密切的观察。有些人感到孤独和被排除在群体之外,但是通过S型领导者对他们的关心和特殊照顾,这些人的精神逐渐恢复,最终又回到了群体的怀抱。因为在S型领导者的身上,常伴随带有感激意味的鼓励、友好的语言以及微笑的接纳,这会使团队的工作更加快乐,生活更加愉悦。这些姿态创建了一种分享一切的看法、热情的意念和有保障的气氛。

避免矛盾的方法是"不说出不同意见"。一个 S 型领导者是不愿意提出某种不同观点的，因为这种观点可能会受到其他人的非难。他们会避免做出这样的行为："我不同意""你是错的"，或者"我对那种意见表示反对"。因此，某些可能会影响结果的意见，或采用一种坚定的主张展开一场讨论，就不会表达出来。

另一种避免矛盾的方法是让其他人先发表意见，S 型领导者会说："很显然，假如我确实想到了其他人想表达的事情，就不可能出现不同意见，所以解决分歧的方法依赖于了解他们所想的事情。"

"哄劝"也是用来避免造成其他人情绪紧张的方法。当 S 型领导者被问到要解释某个问题时，而这个问题可能会造成抵制或伤害，他们会紧闭双唇，不说出整个事情的真相。坏消息会被掩盖或缩小，当无法回避坏消息时，为了减小影响，S 型领导者会用某种劝解的口气开始谈话，比如："我知道这不是你的错，但是……"虽然 S 型领导者不会真正撒谎，但是为了使对方尽可能地合意宽心，他们的语气是缓和的。

## S 型领导者如何处理已经出现的矛盾

一旦争论公开化，S 型领导者可以按照两种基本的方法处理争论。处理争论的不同方法所依据的是：在当时那个时刻动力尺度的那一端是最活跃的。

S 型领导者的正向动力是"使人高兴的愿望"，当争论发生时，他们通常会采取讲笑话的方式来缓和紧张的气氛，因为这些笑话可以把谈话中心从问题上移开。但事实上，这种做法会激怒 D 型人和 I 型人，因为他们不愿回避矛盾，渴望抓住争论，从而在争论中找到解决问题的最好方法。然而，S 型人缓和紧张气氛的努力是从这样一个错误观念出发的：每个人都会像他一样憎恨争论。当 S 型领导者与其他人的谈话转向某个可能引发争论的话题时，他们会说："让我们抛开这个严肃的话题吧，我们需要轻松起来。假如这时正好有人看到我们，他们会以为我们正在计划一件不愉快的事情呢！"

S 型领导者在动力尺负方向的想法是："我避免发生争论，当争论真正发生时，我会竭尽全力使那些持有不同意见的人和解。"当有人不同意 S 型领导者的意见时，他们会说："我同意你的意见。"在他们的思想中，愉快工作是最为重要的事，这种想法的前提是：假如你同意其他人所说的每一件事，就不会陷入复杂的人际关系中，而且你将永远停留在人们愉快的状态中。

通常，S型领导者在正向动力中处理争论的方法是：如果争论不可避免，就在争论中插入幽默感。当然，幽默感本身是一种值得称赞的性格特征。然而，当幽默感被S型领导者用于处理争论时，它就会成为把人们的注意力从某个严肃的话题转变为避免争论的一种方法。幽默感也是一种处世艺术，具有使人高兴的力量，它能减弱争论的强度和杀伤力。当S型领导者的动力朝向正极时，他们就能利用幽默感来消除争论，还能用幽默感来避免"不愉快"的感情。

S型领导者的另一个特征是化解消极情绪。当其他人表现出愤怒或某种敌对态度时，S型领导者的语气就会变得缓和，甚至是温顺。这些反应是通过这样的话语表达的："人们一直处在极大的压力之下，或感到身体不舒服。"换句话说，通过将争论真正归因于某个"支节"因素，任何潜在的争论都会被压缩到最小限度。

S型领导者会遇到各种情况，在这些情况下分歧是不可避免的。要想使问题变得无害，一种方法是：通过说一些认错或承诺的话，比如"我感到非常遗憾，这种事绝不会再发生了"。这些承诺说明了他们会为避免消极的结果作出努力。

S型领导者处理争论的另一种方法是"减少各种压力"，当为了获得各种成果不可避免地产生某种压力时，S型领导者就会感到苦恼，因为这意味着：他们被迫反过来要对下属提出各种要求。在S型领导者看来，对下属提出过多的要求不利于热情气氛的建立，而这种气氛是他们曾苦苦追求的东西。对S型领导者而言，这种事实代表了一种不成功的状态，因为下属一定会因为承担更多的工作而感到沮丧。S型领导者会努力避免这种事情，然而结果却是生产率的不断下降。

为了摆脱这种显而易见的两难境地，S型领导者会采用"疏导"和"哄劝"下属等战术方法。这样做的结果，可能使一种硬性的命令变成一种吸引人的要求。另外，在某个时候向下属稍微解释一下生产方面的各种要求，在一定程度上可能会缓解下属的不满情绪。为了使必须完成的工作更有吸引力，更能激发人们的热情，那些看起来不可避免的麻烦事，通过适当的劝导，可能成为"甜蜜而具有吸引力"的事。

S型领导者处理争论的负向方法是"让步"。一个S型领导者会很快接受其他人的观点，而不是冒险地表示"不同意"，虽然对某个行为未表达的保留意见依然存在，但至少能避免争论。无论如何，在S型领导者心里，"协调一致和融洽的气氛是必须保持的"。他们或许会说："在这些方面你有一个很好的观点"，或者"经过反复考虑，我认为你是对的"，或者"由于我已经正确理解了这件事，我相信你的想法比我的想法更好"。这都是解决难题的方法，这些方法能使S型领导者摆脱不同信念所造成的困恼。

图3-10-2说明了在处理矛盾时S型领导者的通常做法。

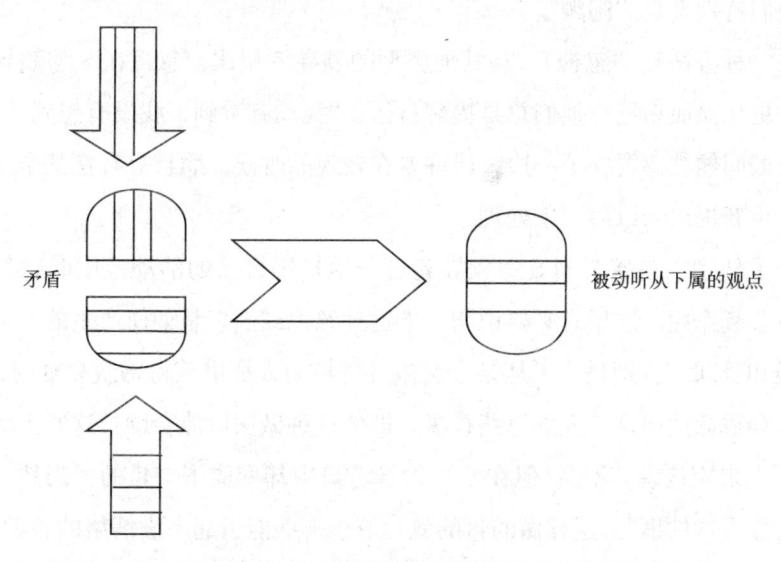

图3-10-2　矛盾发生时S型领导者会后退并被动听从下属的观点

当S型领导者和一个下属发现他们在某个问题上产生分歧时，为了获得下属的赞同和友好态度，他们会听从下属的解决方案，从而放弃自己的观点。然而，这种做法却破坏了有效的参与，因为会助长下属的傲慢，下属会认为能够轻易战胜领导。假如领导在作出各种有效决策方面不能发挥积极作用，那么下属之间很可能会发生争执，这种争执恰恰是S型领导者想极力避免的。作为一种结果，这种争执将进一步损害这位领导实行有效的管理。

### S 型领导者如何处理继续存在的矛盾

上述方法都是为了预防和降低争论的危害，但是当争论继续存在，或各种紧张的情绪依然未能消除时，S 型领导者将如何应对呢？一种处理方法是通过"发泄"来释放不满情绪。当 S 型领导者感到紧张和不安时，这种受挫的消极感情就会发泄出去，发泄的方法是向第三者，比如亲密的同事、家庭成员或要好的朋友"诉苦"。他们会愤愤不平向这些人诉说各种挫折，包括现在的和过去的。对第三者吐露心中的不快可以对抗他们所遇到的问题，所受到的威胁也会减弱。尽管这种"泄愤"的举动可能会减轻 S 型领导者所经受的压力，但是对改变实际问题却没有多少帮助。如大家所想象的那样，在 S 型领导者的谈话中，他们特别喜欢"闲聊"。

另一种方法是"忽视"。与其他类型的领导者相比，忽视在 S 型领导者的风格中更加显而易见。他们总是提醒自己："我没有看到，我没有想到。"各种不愉快的问题被搁置在了一边，或许要在较晚的时候，而且只有在某个人把这些问题重新提出来以后再来处理。

为了使别人高兴，当 S 型领导者过分地扩展自己的活动范围时，忽视或健忘也会起作用。这里有必要说明一下这种忽视或健忘是如何产生的。为了获得感激和赞同，特别是为了从某个会激发恐惧的人那里获得感激和赞同，S 型领导者会拼命按照这个人的思路行事，即使这种做法可能会助长这些人的傲慢态度。本来应该说"不"，但在 S 型领导者口中却变成了"是的，当然，我很高兴为你做这件事"。这样做的目的就是忽视那些能引起不满情绪的各种可能。但这种做法却很少有助于解决问题，因为它只是暂时掩盖了问题，当条件成熟时，这些问题势必浮出水面，从而引发更大的危机。

## 10.3 主动性：渴望成为组织中有用的人

S 型领导者特别渴望成为有用的人，他们的许多活动都是按这种指导思想进行的。他们每时每刻都在收集各种信息和观点，其中最为重要的信息就是其他人对自己的看法。而且，这些信息、观点和看法要根据 S 型领导者的价值取向进行筛选，从而判断某项活动是否会得到人们的认可。

S 型领导者对其他人提出的各种具有创造性的意见是非常敏感的，因为这些意见会破坏他们对稳定性的渴望。但是，为了获得别人的认可与赞同，他们也会响应别人的意见，无论这种响应是真实的还是被动的。可以这样理解 S 型领导者的响应：这种支持和响应不是一种创新精神，因为这种做法是跟随别人或已被理解的各种领先思想，而不是按自己的意志提出。真正的创新精神是："我进行这项我认为能够使其他人高兴的活动，因为这项活动能够使我们更亲密地联系在一起，而且这项活动也能使我赢得我所需要的那种认可，从而成为组织中有用的人。"

S 型领导者主动性的负向心态是："我避免进行各种创新活动，因为就个人来说，我的各种思想会受到怀疑或批评。"

对一个 S 型领导者来说，有两种创新精神是特别难以处理的。一种是：提出某个问题，而这个问题或许其他人并不同意。这时在 S 型领导者心中会出现一个声音："我没有勇气说'不'。"另外，采取各种创新精神可能会被其他人误认为是热心过头或哗众取宠，而这种情况可能给 S 型领导者带来麻烦。另一种较为合理的做法是："有时候必须知道做什么是困难的，所以在思考某种情况以前，先听其他人关于这件事的想法就显得尤为重要。如果能像其他人那样处理问题，这个问题就能自我处理或发展得更好。"

S 型领导者在实施主动性方面的困难是：在终结一场讨论时，因为其他人可能会曲解这个命令，从而认为领导忽视了他们的主张。在其他人眼中，这个活动也可能暗示着对创新精神的漠视。S 型领导者会想："假使我终结这次谈话，其他人或许会认为我不关心创新精神；假使某个人对我有这种感觉，那就会伤害我们之间的感情。"或者："我不需要中断谈话，他们或许还有某个重要的观点要提。"作为一种结果，S 型领导者这些主观臆想使各种会议拖延，每个议题都议而不决，工作无法完成，每一件事都堆积起来。不可避免，S 型领导者开始掉队了，并承担着紧张、焦虑和各种痛苦的感情，最终他们的压力会越来越大，甚至可能会出现比较严重的抑郁症和躯体形式障碍。

S 型领导者总是认为：因为没有满足各种期望，一起工作的人就会感到灰心或失望。于是，就存在一种基本矛盾，因为 S 型领导者一向考虑周到，却看不到结束某项交谈对保证计划顺利推进的重要意义。然而矛盾却是：不能使其他人高兴，反而使他们变得愤怒和不满，这是 S 型领导者力求避免的结果。

假使 S 型领导者只具有很少的创新精神，那么我们如何把这个特点与这样一个事实，即他们常常显得特别忙碌结合起来呢？答案是：S 型人常常对人们提出的每一个要求都说"可以"，这是不足为奇的，因为他们没有机会思考那些应该立刻要做的事情。这些要求可能是他们的领导、同事或下属提出的，显然领导提出的要求要给予优先处理。因为在 S 型人看来，受到某个权威人物的否定被看作严重的麻烦，这会使他们联想到父母与孩子之间的相互作用。当然，一般来说，S 型领导者也具有创新精神，但是要激活它，首先要来自 S 型领导者自我突破的决心。

## 10.4　对待信息：喜欢成为"知内情的"人

S 型领导者喜欢成为"知内情的"人，因为这能够拉近他们与其他人的距离。然而，要掌握内情不是一件容易的事，因为 S 型领导者害怕引起其他人的不满，往往不愿意提出各种问题。作为一种结果，S 型领导者的询问常常趋于肤浅和表面化。然而，有时候，由于某个 S 型领导者受到领导的逼迫需要"取得各种事实"，他们也会采取某种行动，但是这种行动不是积极的。这时他们希望：这类信息将会自动浮现出来，下属会自愿提供我所需要的信息。由于 S 型领导者不愿意逼迫人们提供信息而甘愿冒受被抵制的风险，他们会从有关的情况中作出各种正向判断，然后把它们交给领导。

当 S 型领导者询问有关情况时，他们会怎样做呢？他们会说："我会尝试在其他人中显示正向动力。在回答问题时，允许其他人自由畅谈，而且可以谈论自己。人们偶尔会自吹自擂，而我们应该鼓励人们这样做，因为自吹自擂可以使人们感觉良好。作为一种结果，人们就会喜欢我们了。"

S 型领导者还会采取"在各处走走的管理手段"。当他们遇到一位下属时会说:"嗨,你的气色看起来很好。顺便说说,我刚看了你提交的那份报告,一篇写得多么成功的报告!不过我还需要你提供一些细节。"

S型领导者在负向动力方面会说:"我避免问可能引起不愉快的问题。当我发现自己正在处理负向问题时,我尽可能努力,将讨论的情况转回正向的积极情绪上来。把注意力集中到不协调的主题上是毫无意义的。"当一个下属工作状态不佳,带着不满的情绪来到S型领导者面前寻找安慰时,这位上司的反应可能是:"请不要被搅得心烦意乱,我们都会犯各种错误,我是这个组织犯错最多的人。明天你就会忘记这件不愉快的事了,甚至会感觉可笑。你要记住这句谚语'为何要为洒掉的牛奶而哭泣呢'?"

S型领导者平易近人,不用多长时间,他们就会对每个人的各种情绪了如指掌,包括各种抱怨、不满和愤怒。在这个"坐在椅子上空想的顾问"所起的作用中,S型领导者会提供安慰和支持,但是由于各种负面情绪的真正来源没有被挖掘出来,S型领导者会在不知不觉中损害各种有效的沟通程序。

S型领导者会询问各种问题,这些问题说明其他人缺少什么或需要什么。比如他们会说"可以向我问任何事情,我将很高兴做这类事情",或者"你什么时间方便咱们交换一下意见"。这样的谈话把责任寄托在别人身上,同时不会引起人们的抵制。有时候,某个S型领导者会陷入危险的境地,从而会向另一个人问起某个问题,对于这个问题,这个人事先毫无准备。当然,这会导致一种令人难堪的情况,在这种情况下,S型领导者会方寸大乱,说错话做错事,直到情况平静为止。

S型领导者是优秀的听众,他们对其他人正在说的、想的和感受的事情很敏感,即使对那些肤浅和流于表象的信息也很敏感。

当调查信息是以个别阅读和研究的方式进行时,S型领导者的调查是非常积极的,也是相当彻底的。然而,假使调查的话题具有某种消极意味,比如,某个话题反映了组织内部的紧张关系或市场上的各种问题时,要S型领导者把注意力集中在这个话题上是非常困难的。如果S型领导者确实要花费时间和精力去完成这项任务,那么这方面的目标也仅仅是得到这个话题的要点而已,而不是彻底查问这个话题背后隐含的信息。

## 10.5 倡导：不支持各种强硬的意见

什么事该做或不该做，或者当某个人表示出坚决意见时，其他人可能会被激怒而采取反对立场，随后各种争论会引起误解和不满，S 型领导者对这点深信不疑。作为一种结果，S 型领导者是不可能支持各种强硬意见的，特别是对于会引发争论的各种话题。这种做法意味着：关于如何解决某个问题的潜藏信息会保留下来而不被发现。

构成这种行为的各种动力是什么？在正向动力方面，S 型领导者的态度是："通过频繁的赞扬，我们采取积极的立场来支持其他人的各种活动。假使人们在某个问题上有分歧，我们就处于这个问题之外了。"这时 S 型领导者成为场外旁观者，表现得谦逊、胆怯与迟疑。

S 型领导者倡导的负向动力是："我避免采取某种立场，因为这些立场可能会使其他人不愉快。"比如，在团队会议上，S 型领导者典型的回答方式是："所有已经提出的各种观点，听起来都很有道理，我们还应该观望一段时间，直到形成一个大家都满意的解决方案。"

S 型领导者所进行的辩护往往是缺少力量的。当进行辩护时，这种辩护又会呈现出不明确、不具体的状态。这些行为都是为了避免受到其他人消极观点的影响。同时，S 型领导者所提出的任何观点都是有保留的，以致对这些观点的注意力会逐渐减少。S 型领导者会辩解说："当然，我的观点或许是错的，但是可能是那样吗……"

通常，S 型领导者会对各种意见为何要保留不作说明，他们会对自己这样说："对于这种观点，我没有把握，但是其他人或许处在一种更合适的地位，使他们能够了解更多的信息，提出更健全的解决方案，对此我完全赞同。"S 型领导者这些合情合理的意见都是维持良好关系的保障，也是建立友好交流的情感纽带。这就是为什么 S 型领导者常常被看作是"容易上当或天真的人"。一般的解释是：他们是"唯唯诺诺的人"，或者"他们太容易随声附和了"。许多本来可以立刻解决的问题被搁置到一边，这些都可能形成 S 型领导者拖延、犹豫不决、偏听偏信、不敢决策的印象，事实也是如此，一个S型领导者主导的组织，往往会错过很多机会，发展缓慢、管理混乱。然而，他们可能对这种情况视而不见或毫无感知。

## 10.6　决策：当决策可能被其他人接受时，作决策是一件愉快的事

　　当决策可能被其他人接受时，作决策是一件愉快的事。一个S型领导者把这类性质的决策看作是可以分享的机会。当决策可能影响几种人的利益时，鼓励进行小组讨论来考虑和推荐最佳解决方案就成为一种积极的工作方式。

　　S型领导者喜欢从下属那里获得解决问题的方案。比如，例会结束后，他们总是指望其他人能够作出决定，他们会说："根据每个人提出的各种信息，谁能为我们总结一下下一步该如何进行呢？"当需要作出决策时，S型领导者会说："在作出决策之前，我试图保证协调一致。"

　　S型领导者对于倡导的负向动力态度是："我避免作出会使其他人失望的决策，假使发生了这种情况，我要使每个人都知道这不是我的过错。"当S型领导者的上司问起这个团队应当承担的最终任务，且这个任务恰恰引起了团队成员的不满时，S型领导者会对团队成员说："公司已经要求我们必须完成这项任务。我知道你们现在都很忙，但是这项任务不用花太长的时间。而且我会努力投入工作，尽我所能帮助所有人。我们没有任何理由对公司说'不'，我希望你们能够理解。"

　　某些决策必然是单向的，S型领导者会在作决定以前会进行广泛的协商。当各种决策涉及采取不受欢迎的行动时，就会出现拖延和搁置。只要有可能，S型领导者总是将不愉快的决策授权别人去做，这种委派会使S型领导者避免各种潜在的危险，还能树立他们善于授权的形象。

　　当S型领导者的领导命令他们必须作出决策时，对S型领导者而言，这是一个特别困难的选择。为了保持领导对自己的好感，同时不引起下属的抵制，最好的办法是要求下属去做任何事情。然而让下属知道：这项决策是一个"更高"的领导作出的，并且是最后决策，与自己无关。这种做法让S型领导者摆

脱了困境，避免了麻烦。

## 10.7 批评：给予积极看法，使其他人保持良好感觉

S 型领导者对于批评的正向动力是："通过对各种事情给予某种积极的看法，我试图使其他人保持良好的感觉。当人们心情愉快时，他们会自然而然地进行工作，而且会做得更好。"

在负向动力方面，S 型领导者的态度是："我避免指出人们的弱点或缺点，这样会使他们不高兴。假使我进行批评，人们就会厌恶和抛弃我。"比如，对一个失望的下属，S 型领导者或许会说："我很遗憾，事情没有像你希望的那样转变，请不要着急，你看我就没有着急。我认为你做得很好。"上述这种倾向的来源是 S 型领导者看到了事情光明的方面，这是通过避免提到成绩不足来达到的。借助赞扬或鼓励的这种正向支援，S 型领导者建立了一种赞同的气氛，这种气氛有助于建立更好、更稳定的工作关系。在做出各种评价时，把人们的注意力从负向方面转移，其中一个正当理由是：人们或许已经知道他们的局限性和过失了，唤起他们的注意力会增加挫折。

S 型领导者总是避免负向信息的反馈。但当这种行为不能做到时，S 型领导者的方法是：把各种批评意见归咎于某个人，比如他们会说"这是总裁的意见"，或者"这是公司的最高决策，我也无能为力，咱们只有执行"。

# 第11章 互动模式：与不同类型下属之间的相互关系

S型领导者是友好和令人愉快的，因而从这种想象出发，下属很容易与他们相处。然而，S型领导者对生产的漠视，可能使那些热衷于获得各种成果的下属倍感失望。

## 11.1 与D型下属合作的各种反应：友善与敌视的博弈

D型下属有非常强烈的"控制、支配和掌握"的愿望，他们会对S型领导者产生某种敌视和抵触。作为一种结果，S型领导者希望寻求获得下属友善的意愿也将化为泡影。D型下属会经常制造摩擦与冲突，以诱使领导匆忙退却。这位领导采取的措施是：让这个下属自己去干吧。这时，下属的反应或许是一种失望，因为要领导采取必要的行动是困难的。最终，双方之间的信任和相互尊重会出现裂痕。

D型下属对某个S型领导者可能做出的反应包括：失望、轻视、厌恶，直到公开的敌视。这个下属或许会在各种会议上以暴露上司的缺点而沾沾自喜，这既是一种抵制，也是一种取乐的方式。暴露的方式包括：询问领导不能回答的各种问题，或者反驳领导所作的决定。

在组织中，我们常常可以看到这样一幅情景，S型领导者对D型下属总是无可奈何；而这位下属对领导也充满了失望。

S型领导者与下属一起工作时，总是力求创造一种和谐轻松的气氛。在某些方面这种气氛能引发团队成员中的各种问题，因为人们必须在某种促进因素，或者在某种回报方法上对领导的各种命令做出反应。当S型领导者的领导发出某项命令时，团队成员会突然被要求采取行动，但是这项命令却由S型领导者来贯彻落实。这时，团队成员不能期望从S型领导者那里得到更多的帮助，因为他已经竭尽全力了。S型领导者会向团队传递一个信号：这不是我能决定的，你们，包括我只能执行。

当D型人是S型领导者的同事时，他们之间的关系和上述情况基本相同。D型领导者对S型领导者的管理方式表示出轻视，S型领导者则认为D型同事"太铁石心肠"，而且极力排斥这位同事的管理理念。D型人信奉"适者生存"，对那些软弱的S型领导者简直忍无可忍。作为一种结果，在一个组织中D型人和S型人很难产生情感共振，他们之间的合作往往是"蜻蜓点水"，甚至达到难以共事的程度。

## 11.2 与I型下属合作的各种反应：快速与缓慢的摩擦

S型领导者关注细枝末节，总是"软绵绵地对待问题"，而且行动缓慢，缺少完整的数据和事实，这些领导风格会让I型下属忍受不了。因为I型人期望寻求健全的解决方案，而这恰恰是S型领导者不能满足的。当S型领导者的管理方式失效时，这个I型下属或许会感到一种责任，他会想"我必须接任领导者，以便行使领导的责任"。

虽然这个下属举止足够文雅，并且对领导提出的各种细节很关心，但是当这个下属把话题转向各种工作时，这位S型领导者就会产生受抵制的感觉。在这个场景里，存在某种构成紧张关系的基础，因为一个人在追求生产和复杂的工作，而另一个人却追求在一种和谐的环境中轻松地行动。这种紧张关系的鸿沟拉大了双方在讨论问题时的距离，因为在讨论中，领导急于回避问题，而下属却决定把这个意见分歧公之于众。当I型下属深思这个分歧，并试图寻求一种成熟的解决方案时，这位领导采取的方法却是"退出和推延"。假使这个领导是含蓄的，以一种抱歉的态度后退，并对这个下属说："无论你需要什么，无论你说些什么，在任何情况下我将支持你。"这时双方的距离感就可能被拉大，因为这个领导已经感到了被抵制的力量，尽管这个结果不是这个下属有意造成的。

但是I型下属和S型领导者的组合可能产生一种更好的解决问题的方法，

因为 S 型领导不可能对抗 I 型下属的创新精神。不过，这种组合也会使这个下属受挫，因为 S 型领导者常常会力求更改自己的"创新精神"，以减小压力，这往往是 I 型下属最不愿看到的情况。

## 11.3　与S型下属合作的各种反应：相处得相当良好，相互赞美

一个 S 型领导者与一个 S 型下属是一对完美的组合，因为两者的愿望都是希望被对方喜欢，以及使对方高兴。双方相互赞美、互相鼓励，上司的友谊触动了这个下属的心弦。作为一种结果，在这个组合中，工作和友谊很好地融合在一起，工作已成为双方进行社交活动的某种场所。

这个下属与领导一样，希望能使人高兴，并且下属对领导所承受的压力也非常同情。双方一起痛惜组织所遭受的困难，但对于各种深层次的问题，他们采取的行动并不多。如果双方处在某种可以改变组织现状的地位，他们能使自己沉浸于谈论"我们如何完成这项工作"，然而这仅限于谈论。

在筹划各种事情时，比如庆祝生日、参加表彰会，或者欢迎新同事，这个下属会发现领导是一个可以合作、可以信赖的伙伴。

## 11.4　与C型下属合作的各种反应：希望合作与不想被打扰的矛盾

C 型下属对 S 型领导者的友好不是特别感兴趣，他宁愿不被打扰。这个下属发现给领导一个不明确的回答是比较容易的，而这样做就避免了受到领导对自己缺乏工作兴趣的指责。但是，这种缺少下属反应的情况可能会受这个领导的质疑。某个 S 型领导者的反应是继续发展与这个下属之间的社交关系。但从这个下属身上传来的信息却是："不要驱使我"。在这种环境下，C 型下属可以舒服地完成那些可以侥幸完成的任务，而且是数量极少的工作，还能为这种拖延找到各式各样的理由。这个下属很快会发现 S 型领导者不可能采取任何行动，于是，该下属开始利用 S 型领导者不自信的弱点对他进行欺骗。

# 第12章 提升方略：借助和谐稳定的环境实现整体目标

喜欢怀疑的本性，再加上对他人、自己、周围环境的敏锐洞察力，S型领导者创建的工作氛围，要么具有极高的忠诚度，要么彼此之间互不信任，要么两种情况来回变动。

S型领导者可以给自己的团队成员带来激励，但有时也会让员工感到困惑。这是因为他们有时表现得大胆、自信，有时又会退缩、畏惧，这种极端的领导行为，让员工开始怀疑："在这交替出现的自信和畏惧背后究竟隐藏着什么？"上述两种矛盾的表现都是S型领导者领导素质的组成部分。

S型领导者如果还在质疑自己、他人或周围的形势，他们的表现会和上述介绍的完全相反，这种反应被称为"畏惧反应或恐惧反应"。内心的恐惧，再加上随后要介绍的"S型领导者分析能力的暂时中断"，会使S型领导者保持不动、反应延迟、畏手畏脚。有些S型领导者认为是自己忘记处理问题了，其实，他们只不过还不确定如何行动。

S型领导者往往会把注意力集中到权威人物身上，哪怕自己也是领导团队中的一员。在S型领导者看来，领导者的任务就是公平地使用权力，不要让任何人成为滥用权力的受害者。因此，S型领导者和权威人物之间的关系往往是非常矛盾的。有时，他们和老板是朋友，维持着和谐、长久的忠诚关系；有时，他们又会强烈地反抗权威，尤其是在没有安全感或者觉得权威在滥用权力的时候；有时，S型领导者还会交替表现出上述两种不同行为。

S型领导者在感到害怕或恐惧的时候可能会表现得不太活跃，但在对抗畏惧和不安的时候也会采取非常大胆的行动。然而，面对较轻或者中度的压力时，S型领导者也会把精力集中到结果上，表现出自己的条理和决断力，这时S型领导者可能表现出D型人的某些特征。

当忧虑减轻，S型领导者也会沉浸在一些让自己满足、轻松和喜悦的活动中，比如散步、爬山、写作、看书或者其他一些让人放松的娱乐活动。这时 S 型领导者会感到安全，表现出 I 型人的某些特征。

## 12.1 学会展示，抓住重点，改变拖沓

学会展示：要学会更多地表达自己。取代那种首先要了解别人想法的行为方式，应该敢于表达自己的看法和感受，然后听取他人的反馈意见。

抓住重点：强调那些最重要的事情。谈话时不要长篇大论，列举太多的细节、模型、数据和专业术语；要向 D 型领导者学习聚焦，尝试突出那些自己认为重要的论点，就像进行 PowerPoint 演示一样。

改变拖沓：完成办公桌上堆积的工作。不要因为自己手中堆积了太多的工作，阻碍公司或团队的正常运转。

## 12.2 驾驭上司，消除焦虑，培养对手

驾驭领导：要学会处理自己和权威人物的关系。认真思索一下自己以往与领导以及权威人物之间的关系，尤其是那些影响自己职业生涯或伤害了其他同事的事件，然后从中汲取经验。

消除焦虑：要学会控制自己的焦虑情绪。在刚刚发现焦虑的苗头时就应该采取措施，积极干预和控制，然后通过一些方法来减轻焦虑的破坏性，比如谈话、散步、听音乐、旅游或者其他有效的方法，而不是去设想一些最坏的场景。记住"烦恼并不能解决问题"。

培养对手：要培养和发现旗鼓相当的对手。在热切寻找忠诚的同时，别忘了从和自己志趣相投的同事以及下属中发现、培养一些真正的对手。要记住"真正的对手才是自己作为领导者成长和发展的动力"。

# 第4篇
# 护卫型领导者

# 认识C型领导者

分析C型领导者的任务就是设定清晰的目标，监督、督导和鼓舞他人更高质量地完成任务，如图4-0-1所示。

+ 想要保持不参与
不知道的事无害处
办不到
少做志愿者
放弃责任
推延行动
最少的跟踪
不作承诺
不作贡献
单纯传达
精神罢工

C型领导者

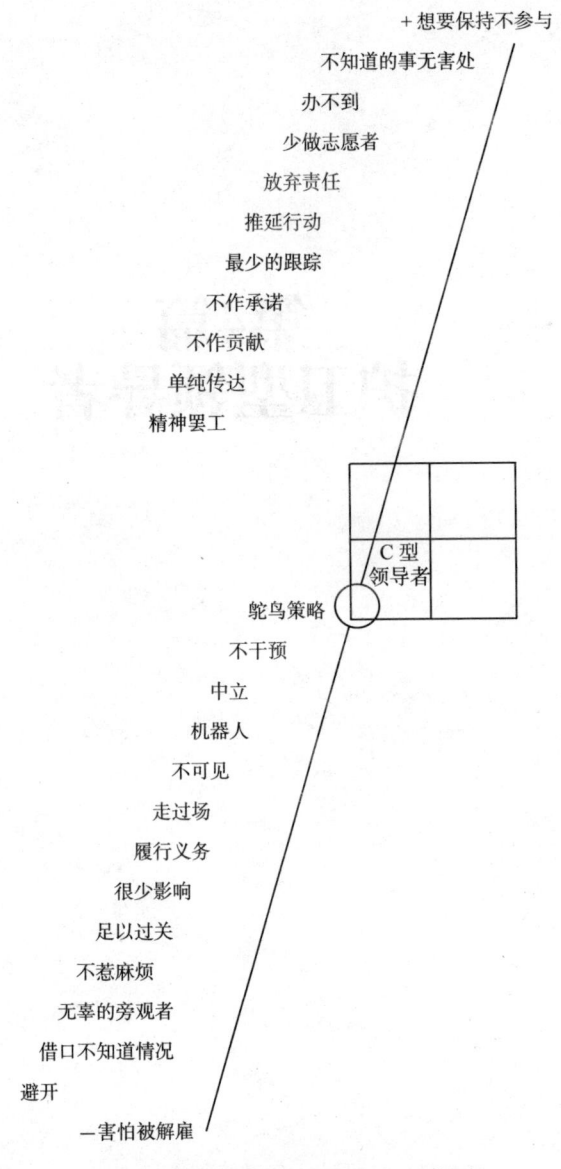

鸵鸟策略
不干预
中立
机器人
不可见
走过场
履行义务
很少影响
足以过关
不惹麻烦
无辜的旁观者
借口不知道情况
避开
—害怕被解雇

图4-0-1　描述C型领导者领导风格的单词和短语

在不懈地追求完美和质量的过程中，C型领导者在几近病态地耗尽自身能量的同时，也让其他人不断感觉到自己的不足，不断被C型领导者批评，或者被过度约束。

在公司里，C型领导者通常会将某些工作和行为设定为值得模仿的标准，目的是让其他人不同程度地竞相仿效。由于内心追求质量的天性，C型领导者会竭尽全力确保完成的工作井井有条、符合要求，而员工也都被安排在了正确的位置上。他们常说："好，但还永远不够好，任何事情都要完成得百分之百完美。"

即使C型领导者已经全力控制自己爱挑剔的特性，别人还是能够感受到来自他们的批评，这种判断源于C型领导者的非言语行为以及他们说过和未说过的内容。比如，C型领导者对一个人优秀的工作表现进行了热情洋溢的赞扬，而对另一个人不那么完美的表现保持沉默，这实际等同于一种批评。

C型领导者总是很亲切地和他人交流，同时力求自己的行为无可指责。比如，即使在了解一个员工的优点和缺陷后，C型领导者也不愿意在第三者面前做出对这位员工的负面评价。首先，他们认为在别人面前贬低另一个人是一种不尊重他人的表现，同时也树立了一个坏榜样；其次，C型领导者很清楚，即使自己对他人的印象如此强烈，推论仍有可能出错，因此在没有充足证据支持的情况下，他们绝不会故意冒险伤害别人，因为这可能引发冲突。

尽管不那么明显，但事实上，C型领导者对自己的苛求程度远远超过对待他人。由于内心偏好自我批评的习惯，他们往往能感受到来自其他人的负面反馈意见，不管这些意见是含蓄的还是明确表达出来的，而这些C型领导者认为的批评性反馈又会导致内心的自我贬低。当C型领导者听到批评意见时，他们的第一反应往往是自我辩护，以证明对方是错误的。稍后，他们才开始重新考虑那些反馈，有时甚至会向对方表达歉意。对绝大多数C型领导者来说，自我改善是伴随一生的任务。而诚实，尤其是和偏见的自我认识相联系时，就会成为C型领导者核心的价值标准。

另外，如果C型领导者并不同意其他人的批评意见，他们可能什么也不会说，但内心却开始产生一种怨恨压抑的感觉。这些未经表达的感受会随着时间的流逝不断积累，然后在无法预想的情况下爆发出来；而这些怒火针对的可能是很久以前发生的事情或某个人的行为。当然，C型领导者有时也会详细阐述自己的感受，但这只在他们信任对方的情况下才会发生。

如果C型领导者在很长一段时间里觉得怨恨、愤怒和沮丧，他们会开始产生深深的失望，这时他们会表现出S型人的某些特征。另外，当C型领导者放松时，尤其是远离工作和责任的时候，他们会变得非常愉快、充满兴致，从而展现出D型人的特征。

# 第13章 思维定向：支持、谨慎与部署

C型领导者"支持、谨慎与部署"的思维定向可以这样来定义：

支援素质，也称后勤素质，是一种关于获取、分配、使用和补充物资的能力和技巧。后勤部署对公司、学校、军队甚至家庭的正常运转，都具有至关重要的作用。而C型人在这方面的表现极富创造性，他们总是能够在适当的时间、合适的地点，安排正确的人做正确的事，从而确保每项工作都能按部就班地完成。尽管C型人同样可以通过学习和锻炼拥有其他三项思维：行动、思辨和交互，不过，对他们而言，培养和实践支援技巧不仅更加容易，也更加富有乐趣。

C型人作为领导者，无论是担任制定和管理规章的管理者角色，还是确保后勤维护的保管者角色，他们都能够巧妙地处理与事物和服务相关的工作。和其他三种类型的领导者一样，C型领导者也希望自己的支援思维能够得到其他人的欣赏。幸运的是，支援思维和行动思维一样，十分便于观察和发现。这是因为后勤部署的对象都是具体而实际的日常事物，而交互和思辨是一种抽象行为，对象不是难以目测的人际交往和关系，就是错综复杂的战略和假设。

C型领导者更倾向于扮演支援管理者和支援保管者的角色。

支援管理者致力于后勤部署的调控工作，他们意志坚强，通过运用和实施各种行政制度来管理和运行下属机构。C型领导者十分了解这一机构的建立政策和衡量标准，并严密地监控政策及标准的执行力度和遵守情况。对于自己这种指令性的职责，C型领导者十分满意，他们的管理原则是"要么按规矩办事，要么卷铺盖走人"。

支援保管者性格友善，而且能够提供大量的信息；相对于指令性的管理工作，C型领导者更倾向于维护性的后勤工作：保障组织内各种物资的顺利流动，组织成员和财产的安全，并为此感到骄傲和满足。C型领导者关心的是如何保持事物的可靠性，尤其是维护和维持物资资源。换句话说，在创造事物和保持

事物之间，他们的兴趣显然在后者。

C型领导者的支援素质突出表现在卓越的"支持部署思维"上。在熟能生巧的规律作用下，C型领导者拥有无与伦比的管理、保管及支持能力。当C型领导者的职业角色要求他们施展这些能力的时候，他们总是踏实而可靠。因为C型领导者深知，他们应当尽心尽力效忠自己的雇主，只有这样才能在领取薪水时问心无愧。

## 13.1　安定：善于建立细致的规则——安定剂式的领导

作为公司中的一员，C型领导者能够对效力的公司或机构起到一种稳定和加固的作用。所以，人们常常把他们称为"安定剂"。C型领导者的能力体现在制定日常、程序、规则以及各项草案中。他们善于起草沟通规则并一直跟进和监督，直到工作圆满完成。

C型领导者有耐心、考虑周全、稳妥、可靠，而且行动和思考都井然有序。作为C型领导者的下属，员工知道自己可以依靠那些熟悉和始终如一的规则。员工知道，在C型领导者的悉心指导下，所有工作人员、资源以及商务合同都能保持一种井井有条的状态。作为公司的"安定剂"，C型领导者会仔细识别并了解自己的职责，也会以同样谨慎仔细的态度告知下属他们的职责。尽忠职守和遵守规则的员工会得到C型领导者的赞赏和嘉奖。

此外，C型领导者也是名副其实的"传统主义者"，他们会小心并且充满感情地保护、培养组织内的传统。C型领导者比其他人更加了解严格的传统观念给人们带来的宽慰和归属感，以及给员工和客户带来的永恒不变的安定感。如果组织缺乏应有的传统，C型领导者很可能会将建立传统视为己任，并以最快的速度建立起一套基本的惯例、规则和仪式，比如，在公司工作20年以上的员工都能获得一块金表；每当有新员工加入时，要举行午餐会以示欢迎；每年一度的舞会，等等。C型领导者所做的一切只有一个目的：使组织内部保持稳定。

稳定是任何一家公司或组织都必须经历的发展阶段，然而，在经过一段时间之后，几乎所有的组织或公司都会呈现出一种过于稳定的趋势，进而成为帕金森定律"方式支配结果"的牺牲品。这条定律告诉我们，在任何组织中，操作成本的提高并不一定带来产量的增加，也就是说，组织中的官僚主义将日趋严重。通常来说，旧组织的官僚主义往往比新组织更加显著，这种投入与产出的非正比关系似乎只是时间作用的结果。现在，我们知道了，C型领导者大都致力于维持组织的稳定性，因此他们更容易成为帕金森定律的牺牲品。为了使生产过程保持稳定，C型领导者很可能会制定大量且烦琐的规则，按照常规性的方式管理企业和员工，而不是重新设计或改革组织流程。

然而，与C型领导者这一观点相矛盾的是，唯一能确保生产统一性的方法恰恰是采用多样化的管理模式。相同的管理模式并不意味着能取得相同的结果，因为组织特别是企业，环境无时无刻不在变化，供应商在变，劳动力市场在变，就连客户也在发生变化。在生产过程中，唯一保持不变的，就是环境始终在变化。因此，为了获得相同的生产结果，领导者不得不随时变革管理和操作流程，而这正是C型领导者不愿看到的事情。当然，假如C型领导者能够时刻提防帕金森定律的破坏，或者能牢记另一条他们更愿意接受的法则的提醒，即墨菲法则"任何可能出错的事情最终难免都会出错"，以及"所有的事情都消耗了过多的成本并推延了太长的时间"，C型领导者就能懂得在适当的时候做出必要的改变。墨菲法则甚至建议C型领导者能够适当地调节自己与生俱来的传统主义，并培养自身的灵活应变能力。

在这方面，D型领导者是他们学习的最佳对象。

作为传统主义者，C型领导者都有一种抵制变化的倾向，所以他们时刻都在约束自己的行为，以确保不会做出过分的举动，也不会停滞不前，正如当初C型领导者在制定规则、制度和标准操作流程时所真诚期望的那样。如果C型领导者真的这样做了，他们就会不由自主地成为组织健康成长道路上的障碍，而C型领导者这种"善意或不当"的行为会令自己和他人的努力付之东流。

C型领导者的下属必须兢兢业业地工作，因为他们自己就是如此。一项预算之所以能被采纳，是因为它包含在之前的财务预算中。相对于收益成本，C型领导者关注更多的是操作成本。因此，C型领导者应当定期检验操作成果，消除无益于收益的多余流程。如果C型领导者能够用一种仔细而审慎的态度来对待目标和成果，就像他们时刻关注规则和流程一样，他们一定能够出色地实现自己的领导职能。

## 13.2 赞赏：拥有推己及人的赞赏方式

既然对于任何一名领导者而言，对下属的贡献表示欣赏是一种强有力的领导方式，那么，C型领导者又该如何表示赞许之意呢？如果说，好的员工都明白"响鼓不用重槌敲"的道理，那么，C型领导者又该如何给出恰如其分的一击呢？他们如何让自己的下属，包括领导知道，自己已经注意到了他们的工作，并且意识到了他们的贡献？

每当这时，性格特征便会展露无遗，而C型领导者的特点就是必须服务他人，满足他人的需要，履行自己的保护职责。C型领导者似乎在童年时代就感受到了这些义务和职责，并且始终认为"我们必须通过为他人付出这种方式来赢取自己享受的一切以及生活的每一天"。C型领导者认为，社会、组织、家庭有恩于自己，作为回报，他们必须马不停蹄地工作。此外，C型领导者往往会用自己渴望证实自身价值的需要来要求他人。如此一来，在C型领导者眼中，唯有那些最恪尽职守的员工才值得赏识。

C型领导者一向严于律己：必须以辛勤付出换得属于自己的一切，包括他人对自己的赞赏。以己度人，作为领导者，在C型领导者的眼中，唯有那些最勤勉努力、尽忠职守的下属才值得赞赏，凡是没有达到这一标准的员工将被视为不勤奋者。C型领导者认为，名不副实的荣誉，即将荣誉授予那些不该获得该荣誉的人，只会有损士气。因此，在C型领导者赞赏词典中，只有冠军才能赢得最多的奖赏，而亚军和季军也可以获得少许荣耀，至于其他人，由于他们不够勤勉，所以什么也得不到。

C型领导者这种推己及人的赞赏方式，在一定程度上可以打破管理者"做老好人"的领导模式，因为不加区分地滥用赞赏，不仅会使努力的员工心灰意冷，还会助长组织中"干好干坏一个样"的不良风气。但是这种领导风格也有其局限性。

作为管理者，传统的 C 型领导者最好能够审视一下这种"领导艺术"，即只有那些真正得到嘉奖的人才能得到自己的欣赏，况且这种出类拔萃的员工往往凤毛麟角。用过高的道德和工作标准要求大多数人，会带来两个严重后果：一是无人可用；二是没有得到表扬的员工会产生逆反心理，他们会用怠工、偷懒和推延来抗议。这样大量的工作就会落在几个"企业劳模"身上。C 型领导者没有意识到这种情况，反而认为他们的用人方式是正确的，"看吧，我没说错吧，那些员工果然不努力"，C 型领导者便会继续表扬那几个勤勉员工。这样，恶性循环开始了，得到表扬的总是那个人，工作最繁重的还是他们。日积月累，整个团队的工作效率和成绩越来越糟糕，C 型领导者就会将责任归结到那些"不勤劳"的员工身上。最终，那些被不断赞扬的好员工会产生不公平的感觉，或者学习那些不勤劳的员工，或者提出辞职；那些没有得到欣赏的不勤勉的员工，或者继续怠工，或者选择离开。直到这时，C 型领导者才意识到问题的严重性。

## 13.3　后勤部署：确保信息通畅，能高效地上传下达

无论做什么，C 型领导者总是井然有序，他们也希望别人能和自己一样井井有条；此外，他们还坚决主张守时和依照计划行事。当 C 型领导者能为自己的工作制订计划并坚定不移地执行时，这通常是他们最开心的时刻。C 型领导者喜欢让事情保持一种清楚明了的状态：任何事情一旦发生应当迅速解决；在尘埃落定之前，他们很可能坐立不安，直到有关材料、人员、事件和日程都安排妥当之后，他们才会稍感放松。

C 型领导者会竭尽全力确保信息流通渠道的通畅，从而使各种信息能顺利、高效地上传下达，保证组织内各级别的员工都能及时获得所需信息。C 型领导者拥有调查和记忆大量工作细节的才能，并且能将这些细节信息直接应用到实际工作中。C 型领导者能成为员工信赖的领导，在他们领导眼中，又是工作异常勤奋的下属。

C 型领导者始终信奉按劳取酬的理念，无论是作为他们的领导还是下属，

都可以依靠他们来了解、遵守、执行各项规章制度。同时，员工也很清楚，C型领导者对待所有人会一视同仁。

C型领导者能有条不紊地举行各项会议；在与同事相处的过程中，又显得谦恭有礼、端庄文雅，直到双方成为熟识的朋友。在处理各项事务过程中，他们始终保持仔细周全的工作作风；面对组织规则和雇主，他们一如既往地忠心耿耿，从不忽视任何细节性问题。

# 第14章 领导风格："这不是我的问题……"

C型领导者并不感到在生产的需求和人的需求之间存在什么矛盾，因为他们对这两方面都极少关注。C型领导者常常说："如果人们之间能保持一种距离，不相互妨碍，那该是多好的一件事呀。"看起来这种方式不太可能被采用，但是在实际工作中，它确实得到了更为广泛的使用。要成为一个C型领导者，必须具备某种才能，而且要采用一些特定的策略：做到虽然在场但是却不被人看到。因此，C型领导者的领导风格是"贫乏式"管理，他们为保持地位，总是以最少的努力去完成应做的工作。

## 14.1 需求：想要保持独立，尽量不参与

C型领导者的正向和负向需求如图 4-14-1 所示。

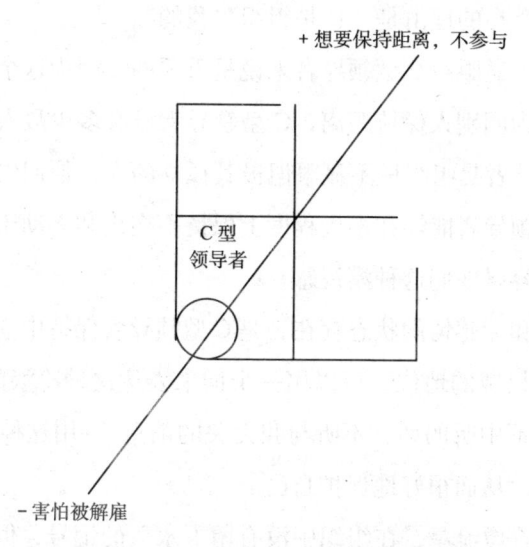

图4-14-1　C型领导者领导风格的正动力和负动力

C型领导者的正向动力是"想保持距离，不参与，能以最少的投入完成自己的本职工作就行了，而且除了必须以外不和别人来往"。C型领导者的情感是枯竭和单一的，总是感到孤独和不安全。虽然他们可能存在某种关心组织和团队成员的潜在感情，但是在即将释放这种感情的一刹那，他们又认为被卷入情感的旋涡是"不值得"的，和别人接近会招来麻烦，为实现组织目标而承担义务只能导致失望。当然，C型领导者也知道，一个人必须在工作中充分表现才能保住饭碗。作为一种结果，C型领导者的职业生涯会显得异常混乱和矛盾，他们仅仅是为了积累资历而只做必须做的最少量工作，并非真正要作出贡献。

　　我们常常看到这样一个场景，C型人整天忙忙碌碌，但是工作效率却出奇的低，允许一天完成的事决不半天完成，允许下午写完的报告决不上午提交，而且他们的办公桌上总是堆满各种东西。他们在传递一种信号："我很忙，请不要打扰我。"

　　C型人的负向需求是"害怕被解雇"或"害怕失去领导地位"。如果别人发现C型人是一个没有成绩、没有用的人，甚至是一个累赘，那么解雇就会发生。C型人为了避免这种情况的发生，即使对乏味的工作充满了乏厌，却从不公开表示出来，以免这种不满和烦乱的心情被他人发现。在C型人眼中，尽管工作毫无意义，而且不能带来满足感，但是它可以提供生活的保障和年老退休的利益。有一种潜在的理由是"这是组织欠我的"。

　　做到在场而不显眼对C型领导者来说是重要的，因为这个策略能使他们避免卷入争论。因为同别人保持距离，C型领导者没有多少敌人，当然也没有多少朋友。C型领导者是组织里不显眼但极其孤立的人，他们仅仅是会议室里的墙花。这样一个领导者能够在多大程度上保持不突出和无动于衷，要看其他人能在多大程度上容忍他们这种漠视感。

　　以这种低调和无感情的状态存在，是C型领导者保持中立的秘诀。他们仅仅在名义上占有权威的地位。可以用一个词来表达这种冷淡的态度："不看不好的东西，不说不中听的话，不听与我无关的消息。"用这种方法C型领导者可以不被人注意，从而很好地保护自己。

　　C型领导者就像流星，在组织中没有留下永久的记号，但是，组织却在他们身上留下了记号。组织的复杂性和危险性进一步强化了他们这种"过度的自我保护意识"，他们每天看着时间分分秒秒地过去，无聊地混日子，直到可以申请退休为止。

## 14.2　情绪管理："鸵鸟心态"，不想介入矛盾

　　C型领导者虽然名义上是个领导，但在行动上却不像一个领导，他们总是避免卷入任何纠纷中，这是一种典型的"鸵鸟心态"，把头埋在沙土里是为了避免"看见"问题。一些不愉快的情况，C型领导者即使看到了也会置之不理。然而，潜在的矛盾还是会发生的，必须对它们加以处理。那么，C型领导者面对矛盾，会做出怎样的反应呢？

　　C型领导者采取的一种策略是：以旁观者或放任自流的态度来应对矛盾，这是一种"中立"的方法。如图4-14-2所示，中立意味着可以承担更少的义务。当一个下属看到C型领导者采用这种中立态度时，下属的反应常常是"瞧不起"和"蔑视"。下属很快就会发现这个领导"无能而怯懦"，只能到别的地方去寻找帮助。C型领导者的中立是进步的真正障碍，他们是组织管理链条中的一个薄弱环节。

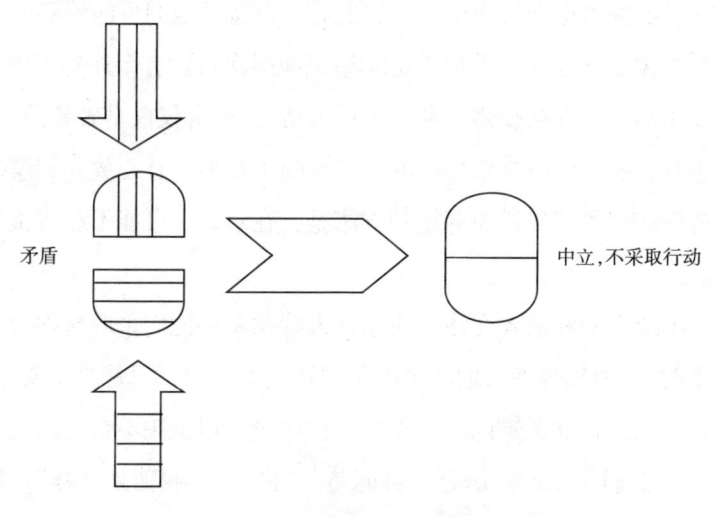

图4-14-2　C型领导者用中立来应对矛盾

这种中立行为背后的动力是什么呢？C型领导者处理矛盾的正向动力是："我通过投降避免了一场冲突，或者离开正在浪费时间争论问题的人，以便设法避开矛盾。"当C型领导者被迫需要对争论表态时，他们谨慎地避免站到任何一方，可能会开玩笑地说："你们的行动像个孩子，正在浪费时间。"C型领导者处理矛盾的负向动力是："我用悄无声息的逃离来避免卷入分歧"，或者"我可以请假，从人们的视野中消失。如果逼迫我表态，我就回答不知道"。

**C型领导者如何预防矛盾**

C型人用"消失策略"来躲避矛盾。他们的行动往往很隐秘，有的是人们能看到的，有的是没有看到的，二者之间可能存在差别。当我们仔细观察C型领导者的行为时，这些行为看起来符合规定的职责要求，因为他们总是设法干足够的工作以获得认可，虽然这些工作大都是重复劳动，但是让人看起来，这些行动总是规规矩矩，没有任何越轨的地方。换句话说，C型人总是准时上下班，因为迟到会引起别人的注意。当你走过他们的办公室，他们看似很忙，并且全神贯注于手中的工作。我们很少看到C型人早退或者工作时间少于规定的要求。病假是在正常范围内的，休假是事先经过有关方面核对过的。他们就像一个听话的学生，不越雷池一步，也不希望别人走进他们的心灵。

C型领导者偶尔也会表现出适当的关心，以减轻他们可能感到的厌恶和无聊。并且这种关心从表面上看似乎是对组织深层次目标有牵连的表现，因而C型领导者并不显得"性格孤僻"和"不近人情"，但这仅仅是表象而已。C型领导者的表象行为和实际行为是不同的，它反映了C型人甘心放弃和漠视态度已经达到的程度。一种可以避免麻烦的方法是：在对方很可能不在或很忙的时候才回电话。

C型人不会主动和别人交往，除非有人特意要求他们采取这种行动。当必须参与讨论时，C型领导者采取的策略是"让别人看到，但是决不发言"。他们会看准时机，在讨论非关键问题时作出一些评论，但是决不会说出他们对这个问题的想法。他们常用的词语是"可能是""也许""我猜是这样"，用这些模棱两可的话偶尔表示他们承认某一点，但是他们没有意思也不愿意承担任何义务。人们无法知道C型领导者究竟珍重什么，因为他们从来没有向别人表示过任何明确的观点。用这种被动的，近乎"挤压膏"式的策略参与讨论，目的是转移人们的视线，不引起别人的注意。其他人如果注意到了C型领导者的这些行为，这个领导可能会成为众矢之的，引起别人的怨恨和鄙视。

C型领导者这种"顾左右而言他"的策略可能引发一个严重的后果。作为他们的下属，总是被搞得晕头转向。会后，下属们会聚集在一起诉苦道："你知道他在说什么吗？我们应该怎么办？"或者"还是等等吧，摸透他的意图，然后采取行动，免得出错。"这些都会影响工作的进度，还会使这些下属变成被动工作的提线木偶。

C型人避免矛盾的另一种策略是"传话"。这个策略是为了避免被牵连到其他人的纠纷中。把领导的命令一字不漏地向下传递，可以避免背黑锅，或者独自承担本应与别人共同承担的责任。来自下属的情报可以向上也可以不向上传递，这取决于是否会引起上边某些人的愤怒。在C型领导者的思想中，被人看成通信链中一个薄弱环节是危险的。最好的策略是：对别人说的话既不增也不减，而是一遍又一遍地加以重复。这是在传递信息中不对内容加以解释的最安全方法。如果一个下属来问："那是什么意思？"C型领导者就回答："请注意，我知道的你也知道，我是逐字逐句把它告诉你的。"

下面的案例可以看出C型领导者的典型作风。

总经理杨鸣召开了一次管理例会，会上讨论了流程和方针的变动，并且要求部门负责人在各自的职责范围内主动作出改变。会议过程中，营销部总监钱勇一边认真地听一边做着笔记，在关键的地方还点头称是，这一切都在向杨鸣表示他的"兴趣和赞同"。

钱勇回到办公室，叫秘书周红通知销售一部的人中午13：30来开会。尽管五个人中只来了四个，钱勇还是按时开会。他认真读了笔记和结论，然后说："我已经把全部内容一字不漏地告诉了各位，大家听清了吗？吴海你先说。"吴海表示听清了每一个字，然后其他人也表明了态度。钱勇宣布散会，把记上日期的笔记本放到抽屉里。

有几个人还没走，其中一个迟到的人说："领导，你说的第一点我没有听到，尤其是背景部分，请对我讲一下好吗？"

钱勇没有抬头，回答说："鲍飞，你为什么不问问同事呢？"鲍飞沮丧地离开了办公室。

另一个下属鼓起勇气问道："领导，这个项目的截止日期是哪一天？"

钱勇搔着头皮说："总经理没有说，也许下星期我会得到更多的消息。"

这时周红在门口探进头来打断了里面的谈话："领导，他们刚刚送了十五箱器材到我们部门，我应该怎样处理？"

钱勇平淡地回答："我也不知道，总经理说过要订购它们。在我们搞清楚怎样处理以前先把它们放在这里吧。"然后，他抓起笔记本说："我得走了。"

这位C型领导者把从上面听来的"事实"原封不动地转告给下属，不加整理、不作分析、不进行讨论。如果C型领导者受到责备，就可以理直气壮地说："我告诉过他们应该做什么，如果他们没有去做，那是他们的问题，不是我的错。"

当某个下属犯错误时，会发生什么问题呢？C型领导者可能喃喃自语地说："啊！他们总是给我惹麻烦。但又有什么办法呢？"对于C型领导者来说：责任永远不要在他们这边，手指永远要指向别人。这是他们的职场生存法则。

**C型领导者如何处理已经发生的矛盾**

当矛盾不可避免地发生时，C型领导者可以采取许多方法，做出表面上的反应，而实际上并没有提出自己的观点。这种方法同"中立策略"基本一致。

在C型领导者的思想中，做一个"哼哈二将"是最安全的方法。他们可以作一个哼声，或者表示"OK""不错""无论什么……"当被逼到没有退路时，C型领导者可能作出如下反驳："这个问题对我无关紧要"，或者"它对我没有影响"，但是这两种回答都会引起争论，而"哼！"的一声是结束危机的终点。"你怎样对后者做出反应？你所能做的一切就是要停止这个话题"，这是C型领导者所追求的目标。

C型领导者在"什么也没有说的反应"方面是个艺术家。他们的态度是："我不会猜别人在想什么""我什么也没有听见""我就是不知道""对不起，我那时没有在场"。如果对这个C型领导者进一步追问，他们会表现出某种真正的创造性:"那是你的责任""无论你怎么说""好吧,那是你职责范围内的事,不是我的职责""你问错人了,我不是这方面的专家"。当事后有人指责 C 型领导者没有提出看法时,他们的典型答复是:"如果你想知道我怎样想,当时你就应该问我。"

虽然 C 型领导者容易在争论中认输,但是不让别人对他们产生"后退的懦夫"这种印象是很重要的。为了保持中立,最好的办法是用一句讽刺对分歧意见作出反应,比如:"好极了,那是你的意见,你当然有权那么想。"当 C 型领导者被逼到绝境时,他们的反应是:"好吧,如果你认为应该那样做,也可以,我不能改变你的想法。"

C 型领导者会频繁使用含含糊糊的词语来给予反馈,很少或根本不表示自己的想法。他们会说"我假设是这样"或"谁知道呢?"这类似是而非的话。这是一种让有争论的问题蒙混过去而不致树敌的方法。尽管别人不太可能对这样的回答感到满意,但 C 型领导者却感到自己是安全的,因为他们并没有承担什么义务。

打招呼比拒绝好,这是 C 型领导者另一种处世态度。他们可以采取"无论你怎么说"或"是的,我想那可能是真的"这类话来保护自己。这种办法隐含着同意但没有表示"许诺"。

C 型领导者对待投诉,往往是用一些能降低其意义或推延的评语来应付。他们会说:"也许它会自己解决",或者"它会变成看不见、想不到的东西",或者"真希望它很快消失掉"。

即使写成信件或备忘录的书面投诉文件,但它们一旦存入档案,就会被 C 型领导者遗忘。他们会说:"用不着对此操心。"如果投诉被重新提出,C 型领导者可以用"我不了解情况"或者"我现在还不能马上回答你,我需要查一查再告诉你"这些借口,来拖延这个问题。

当 C 型领导者了解到下属之间发生矛盾时,一般的处理方法是置之不理,并且对双方都敬而远之。如果矛盾越发严重可能影响自己的安全,那么 C 型领导者的负向动力就会起作用。这时,C 型领导者就会想办法来平息这个矛盾,他们可能采取一种就事论事的方法来处理问题;或者改变任务;或者把两个人分开;或者调动双方的工作;或者采取表面上是中立的行动。

如果两种不同的观点都有重要人物支持，而 C 型领导者不愿意得罪任何一方，这时"模棱两可的说话策略"是特别有用的。他们可以说："好吧，鲍飞你的想法听起来很不错，你提出的证据也是对的，但是，另外也有几个论点支持刘湘的立场"，或者说："我认为按照鲍飞的办法可能行得通，但是也不排除刘湘的方法未必不行"。C 型领导者对双方都表示了同情，但仅仅是同情而已，因为最后方案被确定的时候，他们就可以左右逢源了。

对付矛盾的另一个方法就是"心理上远离这个矛盾，以去掉负担"。如果别人要求 C 型领导者作出决定，他们就会说："每件事都会有结果的，只是需要点时间。"然而时间一天天过去了，然后变成几个星期，又变成几个月，还是没有结果。这是 C 型领导者用来减少抵抗的一种方法，它可以使 C 型领导者抱着"它们迟早会消失"的希望与矛盾共处。

## 14.3 主动性：被动，不喜欢新的观念

C 型领导者不喜欢新的观念或新的行动路线，因为这可能超出他们的认知水平和经验范围，还可能破坏他们的安全"阀门"，所以，C 型领导者不太可能去发展它们，更谈不上主动提出。他们倾向坐着不动，然后让事情顺其自然地发展。C 型领导者最具代表性的行动是：想尽一切办法只做最低限度的事情，而且行动也是被动的和不肯定的。

当 C 型领导者不能避免各种问题时，他们采取的策略是把问题推到别人身上。C 型领导者总是说："如果你可以驱使下属去办这件事，就一定要这样办。"比如，一个部门对产品部提出申诉，C 型领导者会通过第三方或者用书面的形式先接受它，然后会派一个下属去研究这个事情，同时让这个下属自己决定怎样减轻对方的损失。这样，C 型领导者就可以置身事外了，因为在下属承担了这个任务后，他就承担了完成这个任务的责任。

如果 C 型领导者分管几个部门，为了避免监督各个部门的工作，他们采取的策略是："我没有办法监督所用部门的工作，如果我监督这个部门，不监督那个部门，那是不公正的。因此……"

C 型领导者对待工作的基本态度是："我做不到，我不懂，我没做过，我太忙。从这种态度产生的被动状态会严重妨碍合理的主动行为。因为小心谨慎走到了极端，就会变成一种阻力。C 型领导者有上千种借口为不采取行动辩解："这样做是行不通的""领导会不高兴""这样做会让下属生气""下属已经表示了反对态度""很多问题还没想清楚""不能走得太快"。他们还可以拿出更多的理由为被动行为辩护。这些理由千奇百怪，但它们都是从一个源头产生出来的。

C 型领导者"做不到"的态度是从"不要打破某人的计划，以免引起矛盾"产生的。主动性对 C 型领导者来说意味着"冒险和不安全"。他们的意识中：风险必然导致失败，失败会引起人们对冒险者的注意，然后是对这个人的攻击，人们会说"你到底为什么要做这件事情？""你头脑应该更清楚一些""你应该好好学习一下"。在 C 型领导者看来，这一切都是可以避免的，只要不把自己放在会受伤害的地位就行。更加容易和更为轻松的方法是"偷偷溜过去，把轻松留给自己，把困难让给别人"。C 型领导者就是用这种"做不到"的态度来工作，而不愿冒"引发矛盾"的风险。

C 型领导者的正向动力是："我用足够的努力来避免麻烦，并且通过授权避免承担过多的工作。"他们的负向动力是："除非不得已，我不会采取主动行为。"比如，C 型领导者没带手机，当他回到办公室时，发现有几个电话找他，他考虑是否授权秘书来回电话，这是 C 型领导者的标准程序。然而，当这些电话必须由他本人处理时，他会很不乐意地承担这个责任。

## 14.4　对待信息：对信息知道的越少越好

对于调查信息，C 型领导者的态度是："我对它知道的越少越好，这样可以永远以不了解情况为借口来避免麻烦，从而增加安全系数。"话句话说，最好像一只乌龟，把脑袋蜷缩在壳里，既不向左看，也不往右瞧。

C 型领导者这种"明哲保身"的态度是别人不能接受的。所以，C 型领导者收集信息、调查各种情况，是为了让自己处在一种最低的"需要知道"的位置上。而且在他们眼里，情报是一种防御而不是解决问题的手段。

在C型领导者那里，获取知识具有一种表面性，所以他们仍然有被别人看作"没有责任感，没有深度"的危险。当有人问一个C型领导者回答不了的问题时，他们就简单地说："让我看看能不能找到什么办法。"这个回答可以避免"我不知道"带来的批评，甚至可以减轻对方的戒心。

C型领导者采取调查的正向动力是："我设法了解足够的信息，但是我决不多管闲事。"比如，C型领导者在参加公司例会以前，会认真检查议事日程，并且研究和自己部门有关的一些备忘录。不过，这仅仅是一种复习，而没有寻求新的情报或想法的意图，目的是避免发生麻烦，不要在没有防备的情况下被人抓住把柄。C型领导者的负向动力是："我避免由于缺少信息而被人抓住把柄，那会损害我的安全。"

总而言之，C型领导者很少在充分了解情况后有效地作出反应。在紧急情况下，他们的行动也是补救性质和表面化的，因为C型领导者的知识储备非常有限。

## 14.5  倡导：不承担义务并尽量保持沉默

C型领导者所倡导的生存态度是："不承担义务并且保持沉默，以避免一时冲动流露某种信念，以及做出不利的评论。说话必须非常谨慎，因为它们可能反回来纠缠你。"C型领导者的这种态度会给下属带来苦恼，下属总是要掂量上司的话从而发现它们的意义，还要集中研究隐藏的含义。下属为了避免责备，会把想法藏在心里，免得说错。作为一种结果，C型领导者和下属之间的关系非常脆弱，没有信任、没有互动。

假如一个同事问C型人："有什么新情况？"回答是："没有什么。"如果问题是："事情进行得怎么样了？"回答是："挺顺利的。"这种回答是一种拒绝进一步讨论的信号，他们并不会反过来问"你那里的情况怎么样？"虽然这是一种常规礼节，但它有可能会延长谈话的时间。随波逐流、人云亦云，并尽量避免和别人作进一步交流，这才是C型人期盼的状态。

当C型领导者需要表态的时候，不会把所用的词语固定在一个观点上。"也许""可能""我不肯定""你可能是对的"一类词语已成为 C 型领导者谈话的标配。他们所说的话全都是有伸缩性的,这样在必须表态时就可以左右逢源。"那不是一个坏主意"或"那也许能行",同样如此。这些模棱两可的话表面上好像是"同意",但是过后,C 型领导者可以声明:"我没有说过我喜欢它",或者"我从未说过它是一个好主意"。

C 型领导者倡导的正向动力是:"我承认别人作出的规定,但是并不采取坚决的态度。"他们常常说:"好吧,不管我们作了怎样的决议,最重要的还是取得的结果。"

C 型领导者倡导的负向动力是:"我避免采取会使人注意或者要我签字确认的那些见解。"当团队正在讨论问题,并且都将目光转向 C 型领导者时,他们可能会说:"我喜欢他的主意,我认为他在这件事上是有把握的。但是如果他考虑得更细一些,也许会更完美的。你的建议也不错……"C 型领导者会肯定每一个人,然后会说"还是大家决定吧"。最后,他们还是会采取行动:"我看这个问题比较复杂,还是下次开会决定吧。"C 型领导者以这种方式使自己显得特别关心生产,而事实上,他们什么也没说。

## 14.6 决策:推卸责任,尽量不决策

C 型人对决策的态度是:"决策?那不关我的事。我在这里只是干活的。"这句话表达了他们推脱责任的意思。C 型领导者相信,如果推迟或拖延决策,问题也许会自行解决或消除。如果必须作出决定,或者把作决定强加到 C 型领导者头上,他们采取的策略是:先作一个决策,然后保持耐性,并且让事态的发展决定最终的结果,因为这个决策已经成为历史,不必再去想它,无论它是对的还是错的,好的还是坏的,合理的还是不合理的,都不必追究了。

C 型领导者只要有可能就会把问题推迟到以后再说而不作决定,他们的想法是"完全不管它"。一种办法是把它看作将来的事而一笔勾销,因为"它不是当前的事,所以为什么为它操心呢?"或者"要回答这个问题简直是在浪费时间,我们不掌握全部情况",或者"明天再来处理"。

"授权"也是一个好办法，当然，C型领导者的授权不同于其他人，主要目的是把责任推给别人。合理的解释是："把问题交给下属可以帮助他们成长。"当下属有能力完成时，这也许是对的。但是如果下属没有这种能力，就会助长"做自己的事情"的心理，这个下属只会做他们想做的事。与其说是授权，不如说C型领导者逃避责任。

当别人促使C型领导者采取协同工作方法时，他们也会同意，但这仅仅是表面上的协同。他们会把下属召集在一起并说："这里有一个问题要你们仔细讨论和反复商量，然后作一个决定并向我汇报"，或者"我不想影响你们，所以我只是听听你们怎么说。"由于缺少足够的领导，这个团队盲目地争论一番，然后趋于瓦解。另外，也可能有一个领导能力很强的下属出来应战，从而引导团队作出决定。这时C型领导者会接受他们的结论，认为他们的理由是不言自明的。这不是一种协同，但在公司眼里，他们可能认为这就是协同工作。

下面这段独白案例反映了C型领导者对于授权和协同工作的理解。

钱勇说："我每周四上午10：30召开部门会议。这个会议是非正式的并且很随意。我会问下属有没有议事日程，或者有没有问题需要汇报。常常没有什么事我就宣布散会了。如果有一个公司下发的报告，我当然要把它念给大家听。当有问题出现时，我让大家争论并且取得一致意见。如果陷入僵局，我会把它放下。我往往会接受大家说的。公司认为我们是一个了不起的团队。"

钱勇颂扬下属的美德，实际上他是放弃责任从而避免自己对工作的参与。他这种做法使任何真正的协同成为不可能。

C型领导者决策的正向动力是："只要有可能我就授权别人作决策。当我不能授权别人去做这件不合意的工作时，我作出的决定必须能反映人们所共知的事情。"他们决策的负向动力是："我避免做出那种会使人注意到我的决策。"

C型领导者很难被人预先认知，因为他们是隐身的。他们也许会像办公室的植物一样，只不过，植物不会像他们那样对组织和人产生负面影响。

## 14.7 批评：永远不会想到批评

C型领导者永远不会批评人，他们不是避免批评，而是头脑里从来没有批评这个意识。关于对别人做出的反馈，无论是同事还是下属，C型领导者的反应是："为什么要引起冲突呢？不管怎样，每个人都应该对自己的成就作出判断。他工作得如何他自己会作出判断，这不该是我的问题……"所以，下属完全可以做他们想做的事，除非他们的行动引起矛盾，C型领导者总是让下属接着干。在C型领导者的思想中，如何做、怎样做都是下属自己的事，与我无关。如果下属请求他们做出反馈，C型领导者就会被迫回答，但是回答的内容十分含糊和肤浅，毫无价值。

C型领导者对批评的正向动力是："我设法让别人对他们自己作出批评，我情愿不参与。如果必须做出反应，这种反应是中立的，或者我会告诉下属我需要更多的时间来考虑。"C型领导者对待下属的格言是："最好的学习方法是自我学习。"下属要自己去领会工作中的一切。C型领导者的负向动力是："我机敏地躲开那种可能使注意力集中到我身上的情况，避免成为其他人目标的最好方法是不让人看见。"他们的格言是"不听，不看，不说"，换句话说，就是"迅速离开危险，避免卷入麻烦"。

# 第15章 互动模式：与不同类型下属之间的相互关系

C型领导者不太可能对下属有什么帮助，不管是什么类型的下属。有些类型的下属干脆绕过C型领导者干他们自己的事；另外一些人希望上司给予指导，但是没有结果。最终，那些有才能的人会想办法逃走，而C型领导者领导的部门或团队，工作效率会越来越差，最后必然走向失败。

## 15.1 与D型下属合作的反应：避免麻烦与喜欢争辩

C型领导者最不愿意面对的就是麻烦，所以，当他们和一个D型下属发生矛盾时，这位领导的做法是：赶紧找个隐蔽的地方躲起来，同时采取必要的行动来避免冲突。因为C型领导者不喜欢争辩，这个下属必须找别人去争辩。带敌意的批评对C型领导者没有作用，他们不在乎，因为"只要能避免卷入冲突，一切都可以放弃"。

C型领导者通常只是个传话筒，把上级的命令原封不动地传给D型下属，然后赶紧离开，他们的工作就完成了，然而下属的工作才刚刚开始。

## 15.2 与I型下属合作的各种反应：漠不关心与积极进取的对抗

I型下属很难理解C型领导者究竟是什么样的人，既不关心人，又不关系生产。这个下属可能会想："这个领导只有肉体而没有灵魂。他们如何行使领导职能呢？"C型领导者的知识很肤浅，而I型下属希望彻底解决问题并找到健全的解决方案，C型领导者是不可能提供多少帮助的。这时，下属会对领导施加压力，希望他们参与，但是没有结果。任何想"培养"C型领导者的努力都被阻止，因为 C 型领导者依靠权威和地位解脱了自己。如果这个下属寻求自我发展，C 型领导者并不鼓励，但是也不阻止。可能产生的结果是，这个下属离开这个组织，或求助较高的上级，从而逃到更能发挥潜能的地方。

### 15.3 与 S 型下属合作的各种反应：冷淡谨慎与友好热情的不协调

热情和友好的 S 型下属不理解 C 型领导者所持有的冷淡和漠视。这个下属想帮助领导并且和他建立比较亲密的关系。但是 C 型领导者的反应是：继续躲避这个下属的好心，并且对这个下属不愿意走开感到失望。不过对 C 型领导者来说，他们之间不存在矛盾，这是双方继续合作的基础。为了必须完成的任务，C 型领导者也会把最低限度的必要信息传递下去。

从授权的角度来看，S 型下属是特别有用的，因为他们对领导交办的任何任务都愿意接受。在其他方面，C 型领导者尽可能用忍耐和宽容的态度来对待这个下属。

### 15.4 与 C 型下属合作的各种反应：相互合作不会产生积极的结果

你知道静的声音吗？当冷淡和冷淡相遇时，是不会产生积极结果的。每一个人都在做自己的工作，做他最低限度内的事情，来维持工作的正常运行。当问题发生时，C 型领导者和 C 型下属就会一起埋怨，把责任推给别人，在他们周围会产生一种消极气氛。这种气氛会严重阻碍其他人进行革新和创造的努力。双方会达成一种"心理契约"，保持一种很亲近的关系，形成一股力量来保护自己。他们找到一种联合的"力量"，别人就会躲开这堵墙，这恰恰是他们联合想要达到的目的。

## 第16章 提升方略：通过审慎克己确保各项工作适时地完成

由于沉默寡言的倾向以及对知识的不断追求，C型领导者有时并不能让别人充分感受到自己的才干，同时管理的团队也会缺少一些情感要素。

在采取一些战略性步骤之前，C型领导者需要对公司有一个完整的了解。一旦掌握了公司内部的结构，比如战略、组织结构、企业文化、技能、薪酬等复杂因素之后，他们会把这些片段放到大的发展趋势中，开始收集公司信息，最后采取行动。C型领导者进行的这种严苛的事先分析会消耗很多时间，但结果证明这是完全有必要的。有时，这些分析对结果也许毫无作用，甚至是在做无用功，但正是这种事前的"三思后行"使C型领导者不会犯实质性错误，毕竟在他们的词典中"安全最重要"。

C型领导者不管在工作环境中还是在非工作场合，都不愿意和别人分享个人信息。在他们看来，这种信息和工作无关；同时，讨论这种问题也是对隐私的一种侵犯，这对C型领导者来说非常严重。另外，C型领导者很看重自主权和自力更生的价值，他们只在有需要的时候才会依赖别人，包括对权威的信赖，因为权威可以帮助他们实现安全感。

C型领导者也不喜欢来自他人的突然袭击、自己不太同意的期望或者要求。比如，一些来自他人的要求往往需要花费时间或者分享某些信息，这是C型领导者不愿投入和给予的。尽管他们喜欢与人接触、渴望联系，但更推崇与他人保持距离，C型领导者会为自己划定一个私人空间，向别人清楚地表明什么时候可以进来，什么时候决不要擅自闯入。

然而，有时C型领导者也会表现得大胆、风趣、极富交际能力。这种改变有两个原因：第一，和对方的交流让人感觉非常舒适；第二，必须这样做，比如为了按时按质完成任务，如在公共场所发表演讲等。第二种给人带来压力的场合，C型领导者往往会变得更加外向、优雅、善于合作。在极度舒适的情况下，C 型领导者开始发号施令，当面对新情况时心中也充满着能量和自信，这时他们会表现出 D 型人的特征。

## 16.1 关注有效，善于授权，适当幽默

关注有效：把"有效"而不是"正确"作为衡量标准。每次在对别人产生强烈不满、坚持己见，或者相信某种特定做法才是正确的时候，C 型领导者要学会尝试问自己一个问题："正确或者有效，我更倾向于哪一个？"

善于授权：把工作更多地委托给别人。C 型领导者应该记住下面几个原则：把整个任务委托给别人，而不只是其中的一部分；主动和对方讨论一下任务的目标、时间规划、交付条件以及实施过程；定期检查工作效果；积极的评价可以带给别人鼓励。

适当幽默：让工作充满更多乐趣。C 型领导者应该让工作少一些紧张，多一点快乐。比如，把最喜欢的照片放在桌子上；把好喝的茶和点心与大家分享；显示自己的幽默，让他人感受到自己放松的一面；传阅一些有趣的文章，包括少许"心灵鸡汤"。

## 16.2 加强协作，关注人际，采取行动

加强协作：专注团队的相互依赖关系。帮助团队改善彼此之间工作的衔接，加强协作关系，而不是将精力放在如何发挥个人才干和自主权方面。这方面，要向 D 型领导者学习。

关注人际：更多地关注人际策略。了解哪些人将要参与任务后，试着以有效的方式影响他们，而不对这些社会关系采取忽略、视而不见，或者不够关注的态度。这方面，要向 I 型领导者学习。

采取行动：停止过度的分析和战略制定，赶快行动吧。想并不等于做，分析不等于实际，战略也不等于行动。况且 C 型领导者并不具有制定战略的天

赋，他们制定的战略往往具有理想化烙印，缺乏可行性。要记住"我们宁可在行动中犯错误，不断改进，或者在不太确定如何操作的情况下寻求专家意见，也要快速转到行动的轨道上去"。这方面，要向 D 型领导者和 S 型领导者（制定切实可行的战略）学习。

# 第5篇
# 领导力转变：I型策略

# 第17章 I型策略：原则、方法与应用

I型领导者与其他领导风格的区别是：他与这种方法（A2所代表的"关系"）所固有的人际交往的基本价值或原则有天然的联系。因此，I型领导者是四种类型中最具"卓越领导"潜质的人，是领导力提升的效仿对象，这种方法可以称为"I型策略"，具备这种策略的人就是"I型策略领导者"。

## 17.1 I型策略的基础：相互依存和独立精神

相互依存是I型团队交往的关键。一方面，它首要的目的是"以取得的成绩来巩固成果"；另一方面，它是一个先决条件，用以证明它自身得到了充分的释放。不过相互依存并不是以扼杀个体的创造精神为代价的，恰恰相反，有效的协同工作有可能取得配合作用的效果，取得的成果会大于所有个人提供的资源的总和。但是个体的创造性、创新力、革新精神、企业家精神又会怎样呢？这些具有独立性格的人难道与通过群体方式实现目标的人不一致吗？我们必须为了这个而牺牲那个吗？它们相互排斥吗？答案是相互依存和独立精神是一致的，当个体的创造性与相互依存的行动密切结合时，就存在取得更大成就的潜力。

领导3A模型中，资源（A1）、关系（A2）、成果（A3）是完成工作的基本路径，它们共同关注的是：用你做的工作，以你的资源开始行动，从而取得你最终追求的结果。换句话说，在可用资源固定不变时，在相互影响的A2范围内发生了什么才是最关键的，它直接影响成果的取得。

比如，一个D型领导者胁迫下属遵从他的意思，使下属不愿意与领导交流，最终导致潜在资源的损失。一个S型领导者把自己排除在反馈圈之外，为了使其他人高兴，对别人的想法一概接受，甚至采取放任自流的态度，不管这

是不是最妥当的办法。C型领导者则采取"和稀泥"的策略，态度模糊并见风使舵。这些都是不健全的领导风格。

只有按I型领导者的方法才能寻求到最好的解决方案，他们不只停留在满足现状的基础上，而是审视所有的可能性，看出发展道路上的障碍。同时，他们不是将这些阻力作为约束和限制，而是作为可以战胜的挑战。

I型领导者同样重视相互依存和个人的创造性，如果二者携手并进，组织就会像一座坚固的城池，而不是在虚伪的个性借口下面临分离和隔阂。这时，个性就会变成一种工具，成为避免负向冲突，以及发展共同价值的最好方法。

深入比较协同工作和个体工作非常重要，因为有些人常常提出：你采用了这个就不能用那个，协同工作必然会削弱个体工作的价值。显然这是个错误的观点，它在C型领导者和D型领导者中表现得尤为突出。协同工作的目的是：使一个人能够通过有效地处理各种关系，使资源发挥最大的效力，作出最好的贡献。个体既能强化，同时也可能挫伤A2的力量。置协同工作于不顾的个人主义行为，可能是刺激的，但会给后续的工作带来危机，它的别名就是"不顾后果的冒险主义"。的确，在一些能力超强的少数人手中，它取得了一些成就。但是，在那些能力欠佳的人手中，它却遭到了极大的失败。

没有良好的协同合作的创新主义是危险的。因为一些天真直率的人刚开创一项事业时，总是带着一种盲目的热诚，而且抱着一种侥幸心理。这种态度无可厚非，但大多数企业家在其专业之外缺少迫切需要的商业敏锐感，导致了他们不同程度的失败。这种失败不是因为他们思想贫乏或脱离现实，而是找不到有效的方法，同时缺少对产生建设性结果的关键思想所需知识的补充。协同合作能弥补这些缺陷，而且可以补充企业家目前缺少的概念、知识和技能，以增加成功的可能性。

由于有了"I型策略"的支持，个体为团队的更大成功所作的贡献才能变为现实。同时，通过最大限度地提高个体的工作效率，我们会取得更大的成就。这些贡献都与A2活动有关。

当我们将独立行动与相互依存紧密配合时，对推动团队前进所作的贡献应该分别奖励。通常，多半奖励会给团队，因为这正是组织所期望的，通过这种公示效应，我们要求大家从竞争的状态转向协作的态度。如果团队干得好，我们把成绩归功于有效的协作，但却忽视了团队成员的相对贡献。我们可以这样假设，作为团队中的一员，如果你和另一个成员为保证整个团队按时按质地完成任务承担了重担，而你所得的奖励却少于贡献最小的成员，你会满意吗？这是一种在很多组织中常见的做法，因为公司不想去评价个人的努力，不愿意花时间去解决这个问题，除非有人能提供"完整而准确"的数据作为评估的基础。更为重要的是，评估个人的价值可能会引发冲突。这些都是创造精神与协同工作不和谐的关键原因，事实上，这个问题总是出现在能力不健全的领导身上。

能力不健全的领导可能导致协同与创造精神的分离，在这种领导风格的驱使下，团队被动地容忍了个别成员"不健康"的表现与行动，导致没有人愿意正视问题。人们看到，生活在这种平庸的团队中，协同变成了相互迁就和互相掩盖，干自己的事比迎接挑战和用更好的团队文化取代这种氛围要容易得多。这种想法并非不要个人的创造精神，而是要创造一种"共同价值的气氛"，使天才也能融入。

在 I 型策略中，领导者应该鼓励团队成员："共同赞扬能推动团队完成目标的各种努力。"同时使人们认识到：不同的人有不同的才智贡献到不同的工作上，经验丰富的团队成员有责任帮助那些经验较少的人，并增加他们的力量，使其在未来作出更大的贡献。

拒绝个人贡献就是压制积极性和制造平庸，不可否认，任何组织都存在顺从的压力，这些微妙的力量不仅把水平低的人向上拉平，还把高水平的人拉下来。我们接受现状的动机是：我们在得到最好的成果时，可能正在接受不必要的限制。只有当我们敞开心扉，接受新的挑战时，我们才能说："如果我们能……那会怎样？"然后真正地去审视为了达成标我们应该接受什么。这时我们就处在一个有利地位，最大程度地加强相互依存的力量，以求得到相互促进的成果。这就是健全的协同合作的真正含义。

## 17.2　I型策略的原则：有效的人际交往

　　I型策略来源于良好的行为原则，这些原则构成了人们相互影响的良好基础。当这些原则被运用于和别人的协作上，会导致在相互信任和尊重的基础上发展出有效的同事关系。这种可靠、有效和合理的关系，可以提高生产效率，增加创造性，促使我们的工作健康推进。

　　I型策略就像科学定律适用于所有情况，可惜的是，作为领导者有时候却缺少应用这种策略的技巧。虽然说我们可以从批评中吸取教训，当下次碰上时做得更好些，但是我们一定要意识到我们在干什么，认识到一旦时机允许，我们必须尽快向I型策略转变。

　　让我们来审视一位具备I型策略的领导者。这个领导如何看待冲突呢？一个卓越的领导认识到解决冲突最好的办法是：正视分歧并找出原因，然后解决冲突。这样做的原因有两个，其一，能深入了解并消除分歧；其二，使紧张的人际关系得以缓和。消除这种紧张情绪意味着我们保存了应对工作的能量。因为消除紧张比在紧张中度日更为健康有益。

　　这是不是说一个卓越的领导会僵化地运用一条原则，而不顾及对象的具体情况呢？答案是否定的。一个卓越的领导所考虑的是：正确的原则在一定程度上要适合具体的情况。比如，一个新员工和一个老员工一起工作，当出现可能引起对抗的意见时，其处理方式会不同。对一个新下属，这个领导可能先检查一下引起不同意见的事实，这样可以确定冲突的原因。而老下属非常了解所承担的任务，如果像对待新员工那样处理冲突就是浪费时间。这时，领导会直接进入主题来处理分歧，这样做会更快地确定主要分歧并找出原因。这两种情况下，寻求意见一致的基础都在于比较对照。可见，原则还是不变的，但如何运用要视情况而定。

　　构成I型策略的基本原则如下：

　　（1）通过贡献求得满足。这个原则是给人类活动以毅力，以及支持生产力、创造力、满意与健康的动力。当人们承诺要使组织的事业取得成功时，他们就会主动采取行动促使目标的达成。通过贡献求得满足就是要采取有效行动，使我们的行动不同凡响，并对别人的成功有所帮助。这是 I 型领导风格的原动力。

（2）公开交流对实行共同职责是不可或缺的。当交流在自由、积极和开诚布公的状态下进行时，组织成员就有机会得到与他们的利益和任务有关的信息。只有当组织成员得到可供他们思考的必要信息时，他们才能作出最大的贡献。

（3）要将相互谅解和协商一致作为解决矛盾的基础。人们一起工作时产生分歧是很正常的，也是有价值的，因为它使我们能对照别人最好的观点来检验我们想法的可靠性。选择范围一定要缩小，最后取得一个最好的方法。但是如果处理不好，剧烈的冲突会导致更大的损伤，双方的信任和尊重会遭到破坏，交流的有效性会降低，人们的负面情绪会增加。

比较对照的意思是：采取一种解决问题的态度，从而对待这些不可避免的分歧，并发现引起分歧的基本事实、道理或情绪，情绪包含偏见、成见、对立等。通过比较对照和理解矛盾的原因，人们就会感到有责任去寻找一个完好的解决方案。用理解和协商解决矛盾是可以实现的，只要我们能公开参与这个过程。

（4）为自己的行为负责代表了成熟的最高水平，只有通过广泛地授权，才能达到这样的水平。作出最大贡献的能力在于一个人自愿和自觉地发挥创造精神。只有对自己的行为负责，将权力下放，才能实现创造精神。因为只有与需要解决的问题直接接触的人才能把握住更富有建设性和创造性的机遇。

（5）共同参与解决问题和作出决定，能激发人们积极参与建设性和创造性的思考。参与是人的权利，作为自由、自主和自己负责的一个条件来讲，应该受到尊重。参与者觉得每项决定、行动或结果与他们都有利害关系，这时他们就会积极参与创造性工作。当这种观念被团队成员理解并达成协议时，这个团队就变成"你中有我，我中有你"。这种共同参与最终会产生最健全的解决方案。

（6）通过目标进行管理。当每个人都参与制定自己感到有义务去实现的目标时，生产力和创造力则得以增强。通过目标进行管理是一种运转方式，可以使"面向目标"的理念得到广泛的应用。领导者确定并取得了一致目标，并付诸行动实现这些目标。当履行义务从属于一项目标时，个体就会被吸引并想要实现这个目标，同时还会研究和评估如何实现它，然后付出必要的努力去实现它。当通过确定目标并以妥善的方式推行时，个人的目标和组织的目标就会融为一体。

（7）成绩是酬劳的基础。当要酬报个人贡献时，有两个准则至关重要：第一，他的贡献是否促进了组织的成功；第二，他的贡献是否导致个人成为更强有力的领导者。当这些条件都具备时，组织成员将体验到升职、工资、奖励所带来的喜悦，并认为这种制度是公平合理的。这就是论功评赏的意思，只有以这样的方式来承认个人贡献，才能使人们的满足感得到增强。

（8）支持个人和组织取得杰出成就。我们的许多行为是受我们所遵从的准则和标准管理的。当我们制定了更高水平的准则和标准，就会激励人们对杰出成就的追求，并作出更大的贡献，使人们从工作中得到更多满足。与此相反，一般化的标准和准则只能导致一般化的结果。

（9）通过反馈与批评，吸取工作中的经验教训。反馈与批评就是先绕开或中止一个行动，然后深入研究和评估正在进行的工作，以判断如何改进，从而预测和避免会带来有害后果的行动。评估或多或少是反映正在发生或已经发生事态的一种"天然"方法。当团队成员对使用评估工具有广泛理解时，可能会增大他们学习的动力，从而取得更大的成功。

一个组织常常运用这些原则来增加员工的贡献度，同时，它们还有助于建立相互信任和尊重的人际关系。这些I型原则不仅保证了I型策略的正常运作，还保证了A2的健康和良好，最大程度地增加了存在于人群中的A1资源，从而使最好的A3成为可能。

## 17.3　I型策略的方法一：参与和协同

有效的协同是卓越领导者的重要才能之一。I型策略领导者把对人们的关心和有效完成工作融合在一起。当我们用I型策略来解决问题和作出决定时，"参与和协同"就成为我们走向成功的助推器。

**指导准则：3 种决策方法**

有些人可能得出这样的错误概念：I 型策略意味着日复一日地开会。如果是这样，那么人们什么时候可以完成工作呢？事实上不是这样。I 型策略并不意味着在作出决定前要把所有人都召集在一起，它的真正含义是：需要开会再开会，开会是为了解决问题而不是没完没了讨论问题。同时，决定什么时候其他人一同参加会议必须遵守几条标准。

I 型策略领导者遇到以下情况就会启动"集体决策"的路径。

（1）没有一个人能掌握全部信息来制定最好的方案，但集体讨论能找到最佳答案。

（2）协调配合对取得成功至关重要，所以每个成员的承诺和参与都不能被忽视。

（3）团队成员都应该了解工作进展的情况，以便每个人都以自己必要的努力配合和支持别人的活动。

表 5-17-1 比较了采取不同指导准则进行决策的特点。

表5-17-1 采取不同指导准则进行决策的特点

| 指导准则 | 决策方法 |||
| --- | --- | --- | --- |
|  | 单人决策 | 双人决策 | 集体决策 |
| 谁占有问题？ | 1个人 | 2个人 | 全体成员 |
| 我有时间让别人参与吗？ | 没时间让别人参与 | 有时间但时间不多 | 有足够的时间包容有潜在价值的资源 |
| 我有能力单独作决策吗？ | 是，完成胜任 | 我的能力勉强合格 | 我能力不够，我需要更多资源 |
| 有可能协作吗？ | 没有协作的可能 | 有希望协作 | 很有希望协作 |
| 对团队其他人影响如何？ | 小 | 小—中等 | 中等—大 |
| 我需要别人的参与和承诺吗？ | 不需要 | 有帮助或可能需要 | 必须而且很重要 |
| 有其他人发展的潜力吗？ | 没有 | 可能有 | 一定有 |

何时该用单人决策方法、双人决策方法或集体决策方法呢？这些指导准则为一个卓越领导者决定采取何种方法开展工作提供了最可靠的基础。当"单人方法"能帮助领导者作出正确决策和解决问题时，就无须和别人磋商，应立刻采取行动；当条件与"双人方法"相符合时，最好与团队中的关键人物进行磋商；当情况与"集体方法"相符合时，就应该全体磋商。

**指导准则（1）~（4）：人力资源的合理使用**

表 5-17-1 中的前四项准则解决的问题是：以有效的人力资源最大限度地提高决策的质量。

（1）谁占有问题？如果你能注意到这个问题并说："那是属于我管辖的事情而且我自己能解决它"，那么在自发基础上的"单人方法"是最符合准则的。不过，如果我们没有足够的能力解决该问题，那就表明应该使用"双人方法"。如果问题比较复杂，需要每个人参与，采取"集体方法"最有效。

另一个需要回答的问题是："我能委托别人处理吗？"这个问题为我们提供了两个好处：它能使我们腾出时间做更重要的事情，又给下属提供了一个成长和自我发展的机会。有时候领导者不愿意放手让下属去干，这样做会让下属失去一次学习提高的机会。另一种情况是，一位 C 型领导者会牢牢抓住权力，而将责任往下传递，以便摆脱它们。

是否要委派除了取决于领导风格外，还取决于介入的其他可变因素如何参与，比如，如果当前工作提供了全体参与的可能性，那最好以"集体方法"而不是"双人方法"来处理。

如果其他情况都一样，委派的一般规则是：第一，下属可以处理某一指定的问题，而且与领导一样优秀或比上司还强。第二，下属的管理效力能得到增强。第三，委派而不是退出才是领导的动机。第四，领导能抽出更多时间去处理重要的事情。第五，领导有理由相信，下属能成功地完成所委派的任务。

（2）我有时间让别人参与吗？在紧急情况下你可能采取"单人方法"，因为没有时间和别人商议。不过这种瞬间性质的决策只是例外，通常情况下，我们有时间集中可用的资源，然后集中大家的力量，以取得对实际问题的准确评估并提出最妥善的解决方案。当我们有时间召集其他人共同参与时，这样会得到最为有利的结果。虽然条条大路都通往罗马,但肯定有一条是最快最安全的,决策的道理也是这样。如果有时间召集团队成员开会,他们的参与可能产生最健全的决策,那么"集体决策"就是最可靠的方法。

(3)我有能力单独作决策吗?如果我们具备敏锐的洞察力和丰富的经验,能对问题作出可靠的判断,这时让别人参与是没有益处的,最好的办法是"单人决策"。如果我们经验有限,采用别人的专长可能作出更好的决策,这时就应该使用"双人决策"。如果需要联合全体成员的智慧来作出可靠的判断,那就按"集体决策"方法执行。

回答这个问题的其他因素包括:信息的来源是否需要从领导或下属,或其他部门得到?信息是否可靠?等等。如果包含这些因素,就需要其他人参与共同完成决策。

(4)有可能协作吗?协作就是所有人共同合作,这样会产生1+1>2的效果,会比一个、两个或数个成员单独干产生更加可靠和精湛的成果。有时"集体决策"在时间容许的情况下是最好的办法,因为你可以看到达到协同作用的可能性,这种协同作用的力量非常强大,而且持久。我们可以想一想:如果你是某个团队的领导,你有机会去倾听下属的意见和想法,这时你就获得了一笔财富,不仅可以扬长避短,而且能提高你的理解力、洞察力和决策力。怀疑、保留和不同立场在这种开放的领导风格下都能得到充分阐述。不过,如果我们对协作产生怀疑并且没有提出其他需要,最好先采取"单人决策";如果只需一个人加入就能实现协作,"双人决策"更为适合。

### 指导准则(5)~(7):参与的有效性

表 5-17-1 中的后三项准则解决的问题是:参与和协作的有效性。

(5)对团队其他人影响如何?如果这项工作仅和你一个人关系密切,就无须别人协助解决问题,这时可以用"单人决策"来处理。如果这项工作需要与其他人配合,或者在工作中还牵涉到你的一个下属,就应该用"双人决策"的方法。有时一个行动具有深远的影响,比如设计一个矩阵组织结构或转换企业内的回报关系,在这种情况下,"集体决策"可以成为解问题的一种方法。

其他需要考虑的因素:需不需要改变团队的运转方式,这时就需要全体成员参与。有时一项举措只能有一个，或者两个成员对此有评价的权利，但是，如果这个举措会影响团队的目标、方向、性质或常规，这时就需要全体成员参与和关心。

（6）我需要别人的参与和承诺吗？一般来说，弄清问题和围绕解决该问题作决策的过程是非常关键的，因为它可能影响决策的成功实施。只有在人们对决策的来龙去脉都了解后，人力资源才能被充分利用。如果你单独解决问题，没有必要让其他人承担义务。但是，如果我们要求一个同事或下属来协助，他们在这个过程中的参与还是必要的。此外，为了解决一件事需要齐头并进地协同工作，这时"集体决策"可以保证协同工作的有效进行，增加成功的可能性。

一般来说，那些未来的、不可确定的行动最需要全体成员的参与。尤其是有利害关系的团队成员人数越多，越需要他们参与。

（7）有其他人发展的潜力吗？在很多情况下让团队参与是非常有益的，即使在他们经验不足而且贡献较小的情况下。不管怎样他们的参与有助于知识的获取，而且提高了他们未来处理同类问题的经验和判断力。如果不具备开发团队成员的潜力，就按"单人方法"处理；如果对个别人有所帮助，就按"双人方法"处理；如果对全体成员都有帮助，就按"集体方法"处理。

这七条准则在领导们需要支持时可以帮助他们决定何时要团队成员参与。换句话说，"三种决策"都是卓越领导者应该具备的能力，尤其是"集体决策"的方法，更有利于工作的开展和最大成果的实现，而且有助于我们领导力的提升。领导者可以从那些执行实际工作的人们当中发现可利用的想法。不过要想得到更好的决策必须重视利用一切有效资源，尤其是人力资源。因为在社会发展、技术快速迭代的今天，现实要求我们相互依靠，从而释放出更大的潜力。

当然，参与的意思不是要求一定要得到一致意见，但它确实要求我们包容其他人的想法，从而全面、彻底地考虑问题，提出建议和反对意见，表示怀疑和保留，最终形成共同的承诺。所以，这些健康的行为对提升我们的领导力都是有帮助、有利和必不可少的。I型策略的目标之一是：只要我们鼓励积极参与和协同工作，结果很大可能是好的。

## 17.4　I型策略的方法二：正视冲突和解决矛盾

发生冲突后，由于很多领导者缺乏取得更好结果（A3）的必要资源（A1），他们不知道如何解决出现在团队内相互交往（A2）的矛盾。他们宁可避免冲突，采取绕过它、规避它或相互迁就的措施，也不愿意冒险去正视这种无力和胆怯的表现。

I策略是一种卓越的领导方法，但是为什么多数人不去学习并掌握呢？通常的借口是：我们没有那个能力，我们不知道怎样做。有时候，我们看到一些人掌握了I型策略的特点，但当他们遇到冲出时却忘了使用它，而是倒退到自己的领导模式中。换言之，如果一个领导者的I型策略尚未成熟，或者还没有掌握应付形势的方法，他们可能身不由己地退到自己熟悉的领导模式中。但是，他们还是能意识到这不是I型策略，直言不讳地承认，然后评估形势，选择最佳方案，并找出行动的最优路径。如果我们还不具备这种"自我复盘"的能力，就应该努力学习并掌握它，以便在出现类似情况时可以用更有效的方法应付它们。

只要有相互合作，任何团队内部的冲突都是不可避免的，无论这个团队掌握了多么优越的资源。实际上，一个运转良好的团队，具有强大的包容力和稀释力，在这种环境下，冲突可以自由表现，还被当成拓宽团队视野的一个机会受到大家的欢迎。这时，团队成员就能展现自己的各种才能，共享如何完成目标的想法，还能增强群体精神和凝聚力，培养团队成员的责任感。当然，在这个过程中肯定会有不同意见，但是团队成员不会逃避，因为团队成员真正认可了这个事业，就有坚强的信念。在这个信念的指引下，团队成员会自发地开始艰苦的调查和解释，坚信有最好的方案，并且相信正向着正确的方向前进。

逐渐地，这个团队就会演变成一个具有I型特征的"协作组织"，团队成员开始欣赏冲突，不是因为团队成员喜欢争斗，而是因为它能激发团队成员的创造力，还能磨炼和考验团队成员思想的强度，使团队成员不致陷入自满和平庸，以提高团队成员前进的责任感。

一个Ⅰ型策略领导者会以公开和正视的态度去处理冲突，作为回报，他们会获得更多技能。在解决"一对一"和"一对多"的矛盾时，这些技能得到了充分的发挥，以各自特定的方法有效地解决了具体冲突。同时在解决问题的过程中，这些技能又得到了完善，领导力也会得到进一步提升。

**解决"一对一"矛盾的方法**

如果你是Ⅰ型策略领导者，并发现自己和同事或下属发生了矛盾，下面这些技能可以帮助你应对和消除分歧。

（1）告诉下属或同事自己产生这种想法的原因，以及你的决策和举措的根本理由，在某种程度上不要让对方感觉到被指责或被贬低。记住：是"什么是对的"而不是"什么人是对的"。

（2）在听取别人的想法和感受时，抱着"没有什么事是理所当然"的态度。不要引用假设、假定或猜想，不要以为已经看透了别人的思想。记住：我们"宁可要求自己澄清问题"而"不要让说法不肯定或含糊其辞"。

（3）回答问题时要直截了当，从而避免别人对你的立场产生怀疑。要开诚布公，不要隐瞒有关信息来回避你认为可能产生不快的场面。记住：为了一时和睦掩盖事实，可能埋下更大的隐患。

（4）在询问别人对不同解决方案的看法时，首先要了解别人的基本价值观、需求和推断。记住：要了解别人为何那样想的"来龙去脉"。

（5）要探究别人在某个问题上产生不同意见的理由、动机和原因。

（6）帮助别人探究他们所认可的解决方案实施后的结果。

（7）积极寻找别人的帮助，借助别人的力量探究你所认可的解决方案实施的结果。记住：你总会忽略某个关键点，坚持用共同商议的办法求得一致意见，只有在穷尽了所有的方法时，才使用权力，单方面终止讨论。

（8）确保整个评议和讨论过程是公开透明的，而不是事先确定的。这样就让别人知道他们能对结果产生的影响。记住：如果别人怀疑你是在沽名钓誉，假装开明与大度，或者认为你没有改变自己观点的意图，这种讨论是不会有效果的，只会增加紧张的气氛。所以开诚布公与公平公正是实施讨论的基础。

（9）不要僵化和被动，要不断寻求问题的新定义，以使合理解决问题不言自明。记住：把你和别人的努力、思考紧紧联系在一起，你们就能携手并进。

**解决"一对多"矛盾的方法**

"一对多"的矛盾更为复杂，它包含了多种情况，下面这些技能可以帮助你应对不同场景的冲突。

（1）有时冲突出现在团队范围内，它的特点是：团队内每个人都有一个想法，但是所有人都不打算接受别人的观点。当某人感到如果接受了别人的观点就造成了自己的失败时，情况就会变得更加紧张。这是一场胜与负的斗争，要求人们选择站在哪一方。当这种紧张局面出现时，通常的做法是：最好还是妥协，最坏的结果是僵持。不过，如果团队以公开透明的方式正视冲突，问题的解决就变为可能，这种可能性的好处在于：我们在一个相对健康的气氛中有时间寻求更好的解决方案，此外也保持和强化了个别成员的参与感。

通常只有领导者，而且是卓越的领导者才能使这种情况发生。他们首先会将这种尴尬局面摆到桌面上，然后说："我们每个人都对解决方案持不同的看法，这无可厚非。也许没有一个方案是完全客观的，不过一定有一个妥善的解决方案，现在的问题是如何找出它。我们该做的是退回一步，设法了解我们为什么陷入了僵持。然后考虑别人的想法同你的方案到底有什么不同。"这是一种缓和气氛的方法，为开放的讨论创造了条件，在这种气氛下，每个人都会发表自己的看法，表明每个团队成员都乐意超越主观感受，以客观的态度来考虑问题。

（2）有时这种局面是由存在于一个或多个人之间的敌意引起的，这时"问题"就会变得有争议，而且更多的是主观上的争议。这种争议的特点是：并不是团队成员毫无办法去处理它，而是他们需要用争议来强化他们情绪上的敌意。我们会逐渐发现这和所要解决的问题是两回事，阻碍团队的紧张情绪也许是以前的积怨。如果是这种情况，我们可以这样处理：让人们都承认他们相互关系中的敌对因素，并公开检查他们都做了些什么，从而助长了这种因素，为终止矛盾铺平道路。

（3）有时领导者没有直接卷入争议，但他也要参加讨论，并和团队成员一起帮助有反对意见的人克服他们的偏见，鼓励那些持不同意见的人解释他们的想法。每个人的反应表明了他们对情况的理解是相同的还是不同的。如果不同，就继续提问题让团队成员面对分歧，并提出事实和反面论据来检查客观性的水平。一旦人们了解到他们自己的观点和基本假设存在瑕疵，我们就会有针对性地与他们在思想上进行交锋，我们可以洞察别人的原因、动机和理由，以提出一个可以讨论的新观点。

（4）团队成员之间可能爆发冲突，不是因为主观态度或敌对情绪，而是因为他们缺乏承担义务的责任感和目标感。在这种情况下，每个人都追求自己对团队目标所作的特别解释，并且将个人目标凌驾于组织之上，这往往会引发冲突。换句话说，这就是"自扫门前雪"的态度，人们肯定会发生激烈的碰撞。现在要解决的是：让团队成员对整体目标负责，修正个人目标以适应团队目标，以齐心协力来取代各自为战。

我们可以采取缩小分歧的办法解决这个问题，这个办法是"4点法"。当出现僵持局面时，我们可以用它来推动团队前进。首先要求每个人写一份立场声明，然而相互之间交换这些声明，接下来采用"4点法"逐一检查。

4-"我同意所写的声明"；

3-"我同意按下面方式改写的这个声明"；

2-"为了澄清声明中这一部分含义，我想问以下几个问题"；

1-"我不同意声明的这一部分，理由如下"。

各方接着交换了他们的调查。这项活动等到许多1、2、3尽可能转化为4时，才算完成。这反映了团队成员的相互一致。

（5）当团队成员在一起有效地工作时，常常没有必要采取更正式的步骤解决分歧。不过，当他们取得妥善结果时，仔细审视他们如何解决分歧就能看出路径接近"4点法"。他们把整体的问题拆为几部分，然后讨论每部分有多少一致和不一致。这种考虑问题的方式使审查复杂问题成为可能，并帮助我们持续思考有分歧的地方，去补充各方的事实资料来检验和修正人们的思路，以及了解个人的情绪。这时我们会听到人们说："看吧，我可以同意那个建议，只要我们稍微修改一下就会变得更好"，或者"我需要关于那方面更多的资料"，或者"我不同意某个部分，理由如下……我理解的是……"所有这些都是对"4点法"的非正式运用。

虽然领导者理解团队中的冲突，公开对峙可能是最直接有效的方法，但他们往往避免主动发起讨论。他们有很多理由，但最重要的是：害怕讨论失控不好收场，担心一旦公开矛盾可能使冲突升级。另一种担心是：如果作为领导提出这类讨论，会被下属视为软弱而失去主动权，没有机会用更平和的"私下"方式解决分歧。他们的想法是："最好在私下用情感解决问题。"这种想法都是领导力提升中的障碍，我们一定要敢于面对并且消除它。

领导者避免冲突的一个常见理由是认为公共讨论问题太消耗时间。当然，如果一个人还处在学习解决冲突的技巧阶段，可能要花费一些时间，因为要考虑各式各样的事实、观点和信息。不过因为这种讨论包含着问题的"起因"而不仅是"先兆"，所以，他们可能找到了一条解决问题的捷径。而且随着经验的积累，解决问题的步伐会加快，因为人们在设法解决问题时，会相互依靠、协同合作。

## 17.5　I型策略的方法三：有效的反馈与评议

坦诚、敢于正视矛盾的人在领导力提升上更有优势，同时他们还能推动团队不断学习，并教给人们如何提高组织效率。这种价值观提供了利用"反馈与评议"的可能性。反馈的含义是：放手让人们从评议中学习经验教训的主要方面。

人们在执行任务时单独或共同遇到一些需要解决的问题，而评议就代表一类需要研究的有效解决方案。作为一种学习和解决问题的方法，评议通常发生在两个或两个人以上的人际关系中，而且通过评议人们可以交换各自对一项任务的看法。

### "何时"以及"如何"评议

评议可以用在一项活动之前、过程中或活动之后。

（1）活动之前评议。在活动开始之前，评议是了解问题的最佳办法，它能帮助团队成员对即将开展的活动加以思考。包括：弄清每个参加者知道些什么？每个人预期会发生什么？如何发生？每个人希望怎样做？了解了这些我们就能更好地利用人力资源，而且可能预见一些负面问题以便避免它。

（2）在活动中评议。评议也可能自发或按计划地在活动过程中的任何时间发生。在一次团队会议上从一个成员反馈到另一个成员，不仅增加了人们相互了解的可能性，而且增强了每个成员的积极性。这种可能性的增加使人们能检查各自的行为，并且认识到负面习惯怎样阻碍了问题的解决。

（3）活动之后评议。在活动之后实行评议可以使参与者回顾整个经历，并弄清为何没有达到预期效果。同时，还能使人们探索人际互动和人际影响，能确定并评估关键的选择点，以及核实反复出现的形式。这种深入的观察为未来实施类似活动应该采取的方法提供了参考。

如果事后评议在活动之后拖延得太久，回忆发生的事也许只有片段而不是整体，所获得的经验教训被再次利用的可能性也会变小。所以，在活动之后立刻评议才能取得最大收益。

很多组织失去了不少事后评议所带来的益处，因为领导者一头扎进下一个行动而不能自拔，也就没有时间去复盘以前的活动。他们的理由是："我们没有时间向后看，那是历史，我们对他已经无能为力，让我们朝前看吧，快来做下一个项目。"即使有可能，持这种态度的人也不会接受吸取经验教训这个概念。

**反馈的规则和方法**

找出发生过的事以防它再次出现有时还要靠评议，但那些供研究的事实和资料往往缺乏"人际方面"的内容。I型策略领导者认为，评议首先要使用人的因素，人的因素包含物质因素，在这种状态中，物质因素实质上反映了人们的决策而不是独立于人之外的问题。换言之，就是用评议来加强团队的A1资源。在这些条件都具备后，收集资料的主要办法就在于参与者自身的直接经验。只有当所有参与者能公开，而且相互间以解决问题的态度来反馈他们的观察、经验和感觉时，这样的评议才能取得成功。

下面这些规则可以使我们最大程度地从评议中得到益处。

（1）当反馈是描述性的而非评价式的判断时，反馈就会被欣然接受。非评价式的反馈就是描述性的，它以精确和再现的方式描绘当时发生的事情和事情所造成的后果。这种反馈是最可贵的，不会引发过于激烈的辩解和反驳，而且很少会伤害他人或引起主观的对抗情绪。

（2）反馈越接近被描述的事件越好。当某事与评议紧密衔接，某人的行为正在被描述时，人们容易回忆和重现真正发生的事，以及围绕事件的思想、感情和情绪。这种巨大的再现力能使人更加充分地学到东西。由于人们确认了反馈的能力，也就了解了自己在其中的作用。

（3）应该提供小范围的而不是琐碎的反馈。反馈应该是专门的、具体的、有一定边界的，这样才能被人们彻底了解。这比一般的、含糊的、没有边界的评估要好，因为一般的评估缺少细节，使人们难以理解它究竟要传达什么信息。另外，琐碎的、次要的或不重要的事在提高反馈效率方面没有多少价值，对个人学习也没有太大益处。

（4）要将精力集中在一个人能改变的事情上。因此，我们希望反馈能构成改变的基础，与可以改变的事情关系越大，反馈的作用就越大。

（5）要发觉个人提供反馈的动机。当一个人了解了激励反馈的潜在积极性时，他对别人会有巨大的帮助。激发一种积极性常常是 I 型策略领导者所关心的，通过对别人关心的态度为他们作些贡献。不过，反馈也会被利用，比如，在争辩中占上风或采取报复的手段，这是 D 型领导者的过激动机所引发的反应。一个 S 型领导者可以提供正面的反馈，会让对方感到舒服。一个 C 型领导者也可能表现出"感兴趣"的姿态，意味着他渴望推动事情向前发展，即使他潜在的想法是"我不感兴趣"。而 I 型策略领导者期望通过关心别人的工作来鼓励他们取得成功，用贡献来激励自己。这种反馈不仅积极，而且非常稳定。

### 评议的有效性

评议在以下情况中非常有效：

（1）工作陷于停滞而人们不清楚原因。

（2）工作惯例一直是有条理和有秩序的，然而出现了一种易于走向不拘形式和自发协作的情况。

（3）一种新工作程序正在进行。

（4）一些人正准备开始进行一项革新运动。

（5）团队的成员发生了变化，特别是来了一位新领导。

（6）I型策略领导者被人们理解和接受，这会激发人们的学习动力和提高他们的工作效率。

（7）效果比他们能做到的或应该做到的更小。

评议在以下情况中不会有效：

（1）两个或更多的参与者彼此公开对立，会利用一切机会进行破坏性批判。

（2）出现了危机而且缺乏仔细研究问题的时间。

（3）由于活动是固定的，检查它们不会有多少益处。

（4）参与者对于面对面式的反馈没有经验，并惧怕公开交流。

**评议的局限性**

采用评议来保证参加者变成他们自己的老师或学生，而且让参与者知道：他们的参加是经过研究而不是随意的，是有效的而不是浪费时间。这时，所达成的结论很可能被贯彻执行，因为人们对情况都很了解。可是，既然评议这样有价值，但为什么难以被采用呢？

局限1：许多人体验到当他们卷入一项活动时就很难做到客观和可靠的观察，也就是"当局者迷"。人们对活动和对参与者的看法会影响他们的思考和感受，也就影响他们如何反馈和评价。这是一种力量，也是一种局限，因为对一项活动的观点越多，人们从中学的东西也就越多。但是人们往往会掩藏力量而放大这种局限性。

局限2：观察和反馈需要有效和熟练的沟通技能。如果参与者想充分实现评议的价值，就必须运用这种技能。

局限3：缺乏I型策略中的某些准则，比如坦诚、正视矛盾和依靠大家的力量。如果缺少这些准则，团队成员可能会装装样子、走走过场，认为这种活动是不值得参加的。要记住：在实现评议价值之前，有必要改变一下我们的价值观。好在不管哪一类领导者，只要他愿意学习和运用I型策略就能实现评议的价值。

# 第18章 领导力转变：从我开始

我们已经描述了四种不同的领导风格，在现实生活中，我们必须与这些人共事，并且通过他们来完成工作。已经证明在四种领导风格中，I型领导者能够提供最完整的方法达成目标，他们采取的方法是：增加参与，鼓励承诺，以及运用每个人的才能。而且I型领导者又能很好地使用"最大发挥创造力和激励作用的原则"和"最大地满足情感需要的原则"，从而完成A1-A2-A3的过程，如图5-18-1所示。向这种强有力的工作方式的转变，最重要的原因是"任何人都有这种需要"，因为每个人都希望自己成为一个卓越领导者，推动自己和其他人共同完成事业。

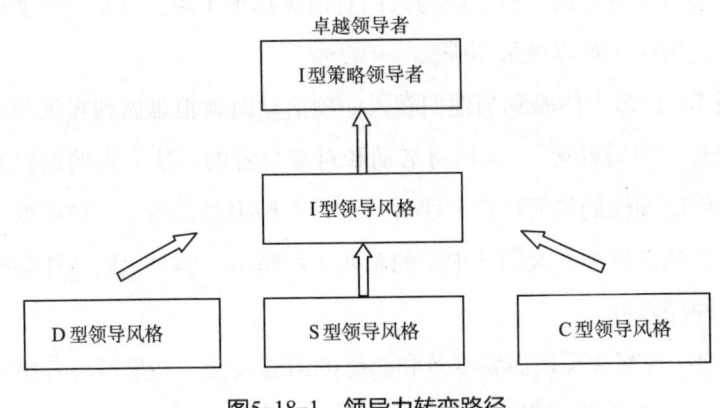

图5-18-1 领导力转变路径

然而，这种转变不会一蹴而就，因为转变需要通过比某种个人的承诺，以及比某种私下的意志活动更多的条件来完成。同时，转变也不可能通过强制、劝说和要求而得到，更不可能用金钱换到。前文描述的某项措施或全部方法可能对转变有帮助，但就这些方法本身而言，它们是不够的。

在转变过程中，缺少的环节，或者说常常被忽视的步骤是：对你自己的领导风格以及这种领导行动所产生的原因和结果要有个人见解。除了以某种客观的方式弄清楚你的领导特质以外，更重要的是，你必须清楚"可能存在某种更好的方法"帮助你完成正在做的事情。当这两个条件满足时，转变的第一个步骤就完成了，因为在你当前的状态和你将来喜欢所处的状态之间已经打开了一扇大门。

下一步我们要做什么呢？什么东西可以帮助我们实现转变呢？答案是：转变过程本身是动态发展的，就是："作为人，我们要如何学习呢？"这时我们常常想当然地认为要怎样做，但是要解释这种转变过程不是一个简单的问题。我们必须重新应用"领导 3A 模型"，再加上第四个"A"，这个 A 代表着"反应"。

## 18.1　反应（A4）工作法：转变的基础

在现实生活中我们另一个困惑是："离开了其他人的帮助，一个人如何提高自己的工作效率？"对领导者来说，要想提高效率，他们必须做些什么从而增加对团队的贡献；对团队成员来说，也存在这样的动机。适合个人转变的各种动机非常多，但是不管我们做什么事，都存在"某个个人愿望"和"要知道需要做什么"的问题。需要做什么的依据是：必须弄清楚我们现在正在做的那些限制我们效率的事情。某些方面的限制笔者在描述各种领导风格时已经有所提及，这里我们要讨论的是：为了更有效地工作，我们可能要用不同的方式来做事。

一般来讲，人们在做事时都希望有效率，换句话说，"有效"是人们从事工作的愿望。我们从上学，到进入职场，这种愿望会越来越强烈。对某些人来说，这种愿望可能还保持在潜意识中，或者说处于"休眠状态"，但对大多数人来说，这种愿望是一种活跃、具体而且持续的追求。不同类型的领导者对"要知道做什么"的理解是不同的，而 I 型领导者的七种领导风格为我们提供了实现有效性的路线图。

为了弄清楚我们现在的工作模式和按照 I 型领导风格进行工作时的差别，为了探究为什么当其他人工作时他们会对我们有"反应"，为了断定我们曾经采取的某些无效举动怎样在一种更有成效的方法中被继续采用，我们运用的工具就是第四个A，即"反应"。A4允许我们在进行各种工作调整时来考察我们自己的行动。A4与"3A"是如何联系的？如图5-18-2所示。

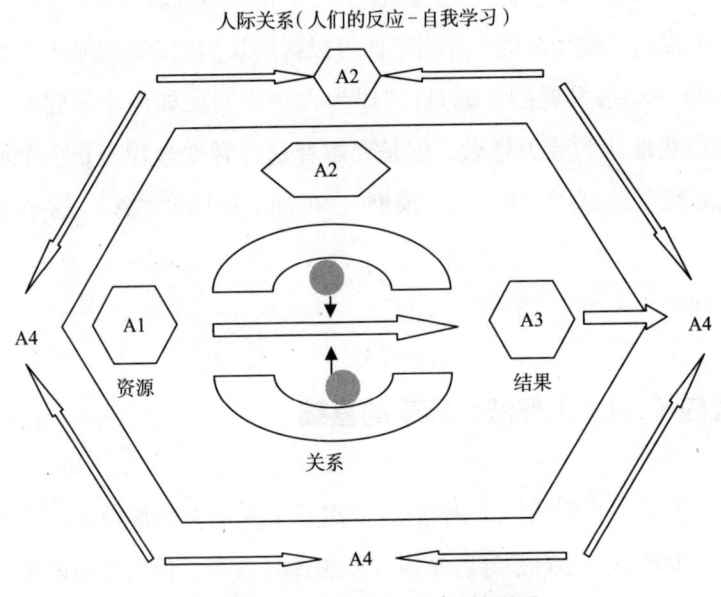

人际关系（人们的反应-自我学习）

图5-18-2　A4与A1-A2-A3的联系

在图5-18-2中，A4有三种特殊的类型，这三种类型是或多或少同时起作用的。通常我们给这三种类型的注意比它们应受到的注意要少。

第一种类型：自我反省型。当我们按某种独立的方法研究自己的行为时这种类型就会出现。我们可能会考虑：为什么我们计划好的事情会出现偏差？为什么我们会暗中庆幸自己的某项成就？

有时候，在一个时间点和另一个时间之间，我们会集中精力重复相同的活动，并且说："当再次出现这类事时会进展得更好，我为什么要感到怀疑呢？"有些时候，自我反省是很难描述的，比如，当我们仔细考虑一个问题时突然去做别的事，回来的时候，却意外地得到了这个问题的解决方案；或者对某个问题已经有了初步想法又萌发了某种新想法。因此，这种类型也被称为"酝酿型"，它为我们提供了一种理解问题的新思路。

第二种类型：非正式反馈型。当其他人告诉我们关于我们的信息时，我们就从他们那里得到了这种类型。

这种类型可能不会经常按某种建设性的状态出现,然而它仍然能促使我们回想"为什么我们所做的或所说的某些事会引起那些特殊的反应"。在前面描述不同领导风格时,我们已经考察了不同类型的下属对每种领导风格的反应。非正式反馈的过程能告诉我们很多关于自己的信息,这些信息我们以前是不知道的。碰到这种情况,我们不能不给予它们关注。

第三种类型:较正式的批评型。尽管我们已经了解了某种批评,但是,这种批评也会以非正式和自发的形式出现。当我们与其他人讨论已经发生的事情,或者讨论如何使工作更有效率时,批评就会出现。当我们预测到某个问题和危险可能发生,并期望怎样解决它们时,相关的批评可能会预先出现。运用这种方法可以使行动路线与设定的目标保持一致,这就是最好的批评。

这三种类型都能提高工作效率,并促使我们学习更多的知识。为了策划我们可能要做的各种特殊和具体的事情,这三种方法非常有效。A4工作法可以结合我们自己的创新精神来使用,而不必要求其他人转变,因此A4是我们转变的基础。

## 18.2 转变的障碍:个体对转变的抵制

转变不成功的原因有很多,我们常听到:"人们有一种对转变的内在抵御。"毫无疑问,突然的转变可能对自己的形象造成不利影响,特别是当这种转变出现势不可当的趋势和超越自己的控制能力时。我们可能由于过度的正向转变而感到不安,同样对过度的负向转变也会感到恐慌,因为转变的过程是有压力的。

人们抵制转变的原因可能是:关于转变的反应可能会破坏自己的正向动力,而使某种负向动力的概念合法化。反过来说,当这种反应增加了人们的正向动力,或者帮助人们抗拒了他们的负向动力时,人们是不会抵制它的。

阻碍转变的原因包括:期望偏差、记忆重构和记忆失调、信念假设、自我粉饰。图 5-18-2 表明，健全的人际关系是实施转变的基础，而我们自己又是转变的主导者。但是，这四种障碍影响着健康人际关系的建立，将个体隔离在自我意识的狭小空间内，从而导致故步自封，将转变封死在潜意识的大门里，必须清除它们，才能使转变成为可能。

**转变的障碍一：期望偏差**

期望是指人们对自我、周围环境以及具体事件加以衡量和评估后，对未来所做的一种期待与价值评估。

人们总是期望他人作出某些特殊行为，即使这些期望一开始是错误的，但这些错误的期望后来却能变成现实，因为它会诱导被期望人的行为，从而使错误的期望得以实现，这就是期望实现的预言。期望实现的预言准确地说明了期望的力量，因为预言中的事件之所以会发生，是因为人们期望它发生，并且被期望人的确能按所期望的那样去行动。

（1）"期望实现的预言"形成过程。第一步：期望者形成对目标（被期望人）的期望，即预测目标会怎样行动。被期望人的各种信息，如年龄、性别、语言、长相吸引力、社会资源和能力等，都会在期望者意识不到的情形下影响他的判断。第二步：期望者行动。期望者通常会以与自己期望一致的方式来行动。期望者总是向被期望人微妙地传达出各种看法，比如，善于自我表露的期望者与不善于表露的期望者相比，与对方合作的时间更长、更频繁，在一起时坐得更近，有更多的微笑，肢体接触更多。第三步：目标（被期望人）解释期望者的行为。期望者行为的接受方，被期望人可能注意到了期望者这些行为，并不经意地被这些行为诱导，作出了符合这些行为的解释，这些解释又会影响被期望人的反应。第四步：目标（被期望人）作出反应。当被期望人作出反应时，其方式与期望者对自己的行为方式相类似。对热情常报以欢迎，对敌意则予以反击，轻浮则回应轻薄。因而，期望者往往能从被期望人身上得到他们所期望的行为。第五步：期望者解释目标（被期望人）的反应与行为。期望者不太可能认识到他自己在引起被期望人作出反应中所起的作用。很多时候，期望者把被期望者的反应和行动归因于被期望者自己的性格、动机或心理。

通过上述过程，期望者原本错误的期望在与被期望人互动的过程中得以实现。

（2）期望偏差对人际关系的危害。期望者在被期望人身上发现了自己预期的行为，但却意识不到这种预期是否正确。这也是人们在判断他人时往往过度自信的原因之一。当错误的期望变成现实时，人们从来不会意识到错误是由自己引起的。这些期望不仅影响对所获信息的解释，也指导着对他人的反应。我们常从别人身上验证我们的期望，而这些期望中的行为如果没有我们的推动就不会发生，但我们很少能意识到正是自己的预期使他人的期望得以现实。

随着时间和经验的积累，期望者肯定能了解对他人的错误期望这一事实，当人们日渐熟悉，这些错误的期望就会逐渐显现出来，最初的预言就会不断消失，这时，人们就会重新审视这些预言，对工作关系作出新的判断，并付诸行动；相反，如果期望者仍然根据自己先前的期望行事，期望实现的预言就能存在很长时间，使工作关系得以延续。但这种延续是暂时性的，随着时间的推移，尤其是人们发生冲突与争执时，这些预言必然会浮现出来，给本来就脆弱的人际关系以致命一击，使建立在错误基础的人际大厦浑然倒塌。

期望实现的预言存续时间越长，给人际关系造成的伤害就越大。因此越早发现这些预言的错误，给彼此带来的误会与分歧就越少，而发现这些错误预言的方式，主要是沟通与自我表露。通过这种方式，可以使彼此更深入地了解，以发现人际关系建立之初的错误，从而及时采取有效的方式，将伤害程度降至最低，同时为转变排除了障碍。

**转变的障碍二：记忆重构和记忆失调**

记忆是指人们通过认知获取、整合与加工，对残留于我们内心深处的信息进行浮现、联想、投射与反射的过程。

（1）记忆重构。人们对已经发生的事情的记忆同样会影响人际关系的发展。我们往往以为自己的记忆是对过去事件的如实反映，特别是我们可能更会信任生动、浪漫、充满快乐的回忆，因为它们看来是如此的真实而具体。但是随着新事件的发生，即使再生动形象的记忆，人们也会对其进行篡改和不断更新。所以，对过去事件的记忆其实往往混杂着已经发生的事件和新近才获得的信息，我们对这些混杂着过去和现在的信息按照自己的需要进行重新组合的现象，叫作记忆重构，来描述和反映随着新信息的获取人们不断修订和改写自己记忆的过程。

记忆重构会影响人际关系的发展。比如，人们目前的感情会影响对共同往事的回忆。如果当前人们的关系很融洽，他们彼此更倾向于忘记过去不愉快的经历和事件；但是，当人们发生分歧和冲突时，彼此的关系就会出现裂痕，他们会刻意遮蔽过去的幸福和感情，将当前不愉快的经历和事件随意放大。

（2）记忆失调。记忆重构有助于人们不断适应新的环境。但在人际关系中，由于矛盾和分歧的出现，会使我们的记忆被解构，并被重新整合，导致记忆失调，在这种状态下转变是很难实现的。

当人际关系出现问题时，为了适应自己当前的需要，人们会选择记忆隔离。有意将以前美好的情感体验隔离起来，这样就破坏了人际关系的整体性，阻断了彼此情感体验的连续性，双方被束缚在当前的环境中，不断放大当前事件的效力，使偶发或间歇性事件演变成必然性事件，彼此就事论事，停留在当前所构建的封闭环境中，掩盖了过去的回忆，最终会使人际关系向不好的方向发展。

有些人际关系会不断地依赖幸福体验，将过去的一些零星或间歇性的美好记忆错误地迁移到当前，产生记忆倒错，为的是刻意掩盖当前人际关系的不足，以满足他们当前幸福体验的需要；让人们总是感觉彼此的关系一直比实际上更稳定、更可靠，逐渐使人们滋生出过度自信，却不明白这种自信是建立在错误记忆的基础上。

**转变的障碍三：信念假设**

信念是人们对自我意志力、抗压力与观念的一种假设，通过自我假设，获取行动的指令与力量，来完成相关的动作。

人们带着人际关系的固有模式建立起工作关系，这些信念又以心理结构的形式有目的地组织起来，心理结构能对人际关系的能力及经验进行系统化的归类，并依据这些归类的信息提出一套具有连续性与一致性的假设，来说明人际关系是如何运行的。

（1）浪漫信念。具有浪漫信念的人认为完美的人际关系是最重要的。他们以完美与较高的期望作为建立人际关系的基础，形成浪漫信念的假设。这些假设包括：与别人的关系应该是完美无瑕的；亲密无间是存在的；每个人都能得到别人的理解；这种人际关系能克服一切障碍与困难；这种人际关系能提高工作效率。

浪漫信念是一种偏离的、有瑕疵的信念。这些浪漫信念的假设显然能为人际关系增添魅力、增加动力，使人们很快建立起比较深厚的友谊，并建立起工作关系。但这种浪漫信念是不稳定的，随着时间的推移这种激情会逐渐减弱，相应地，这些浪漫信念的假设也将瓦解，一旦这些驱动人际关系的动力化为乌有，建立在它们基础之上的合作关系也将出现危机，面临着前所未有的挑战。

（2）悲观信念。悲观信念也叫宿命信念，这种信念将人际关系建立在过度理性的基础上，从而对工作关系持怀疑与排斥的态度，害怕在工作中受到伤害或被束缚，因而产生矛盾和忧虑，焦虑和冷漠，形成悲观信念的假设。这些假设包括：冲突具有破坏性。争论就表明别人对自己有成见，为了保持和谐，就不要发生任何争执与冲突；一旦人际关系变糟，就无法改善，如果别人曾经伤害过你，毫无疑问可能不断伤害你。

这些悲观信念的假设是有害的，形成错误的信念，对人际关系的建立及发展都会产生负面影响，最终使人际关系中的尊重和信任遭到破坏。

如何克服这些不好的信念假设呢？一种方法是建立"成长信念"，也叫自我实现或积极友善的信念。这种信念认为好的关系是努力和付出的回报，如果彼此坦诚相待，友善宽容，一起努力战胜挑战、克服困难，良性的人际关系就能逐渐建立起来。成长信念也是 I 型领导风格的主要特征之一。它包括：相互尊重、彼此信任、积极沟通、自我表露、相互依赖但独立自主、支持与分享、关爱对方。

成长信念的人积极看待人际关系，是一种真实的、正确和正向的信念。既不过度感性，也不过度理性，而是将人际关系作为自己一次成长与成熟的经历，当成完善人格、自我实现的过程，因而能以一颗坦然与平和的心去看待人际关系。在这种信念形成后，转变就会自然而然地发生。

**转变的障碍四：自我粉饰**

我们常常遇到这样的问题：为了找到和别人一起工作的各种方法，最简单的办法就是问问他们。人们需要完成什么工作，谁能比自己知道得更清楚呢？然而，就一般的意义的抵触因素来说，为了得到正确答案，这种询问方法是最无效的。理由是：人们习惯"自我粉饰"。

人们在工作中遇到问题，尤其是遇到一些重要问题时，比如，为了提高效率如何转变，这时自我粉饰就可能出现。人们为什么要粉饰自己呢？这个自我克制的过程从那里开始呢？

对于这个问题，有两种解释。第一，我们简单地认为自己重复不断的工作是理所当然的。这时，我们的行为变成了第二天性。表面上，我们认为很了解自己，然而在某个更深的层次上，我们完全不了解自己。第二，我们做的许多事情给自己提供了一些不真实的解释，为了使我们对各种活动感到放心。

那些斥责下属的领导者绝不会虚心听取别人的意见和想法。那些容易被触怒和受伤的人会发出各种信号，意思是说："除非是好听的，否则什么也别对我说。"那些对工作感到厌倦的人也不会去倾听别人的心声。那些相信现状是固定的、圆满的和稳定的人会因某些人而生气，因为这些人建议诸如改革那样冒险的事。喜欢搞家长制的人围绕那些具有崇拜态度的人转圈，以致他们对自己的各种缺点失去判断力。所有这些行为可以相互密切结合起来从而产生广泛的自我粉饰效应，使一些领导者认为他们处于某种事情的中心，但实际上他们并不了解。这样的人际关系必定是僵化、表象和危机重重的。

因此，为了了解自己，应消除自我粉饰，方法是：依据其他人告诉你的那些信息思考。当你开始听取客观的实际情况，而不是依据主观的固有看法时，自我粉饰就会被消除。

## 18.3 转变的过程：假设（S）—行为（B）—结果（R）

图 5-18-3 是一个转变过程模型。

S（Suppose）：表示我们的各种假设。具体来说，这些假设就是：我们与其他人一起工作和通过他们进行工作的最好方法。

B（Behaviour）：表示我们的行为。我们的设想和行为构成了我们的各种活动，这些活动是其他人看得到和感觉得到的，人们可以赞同，也可否定。我们的行动反映了"我们关于怎样做某件事情的各种基本假设"，这些假设成为我们解决问题的各类资源（A1）的一部分。

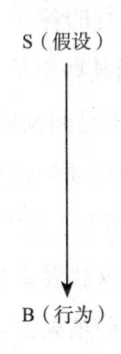

S（假设）

↓

B（行为）

图5-18-3　我们的假设推进我们的行为

### 转变过程模型：特点与作用

我们以 D 型领导者为例，看看他们是怎样管理的。D 型领导者具有自己特殊的各种假设。他们认为要获得各种成果最容易的方法是：推动人们去做那些他认为必须完成的工作。在 D 型领导者的模式中，各种关系（A2）是以权力和服从为基础的。在与人们商量或得到别人输入的信息方面，D 型领导者看不到任何特殊的利益。事实上，他们把这方面的联系看成是浪费时间。D 型领导者处理各种关系的方法忽略了自我学习（A4）的可能性。

图 5-18-4 描述了 D 型领导者的这种图式，他们的各种假设强化了 D 型领

导风格，正像其他人所感受到的一样。

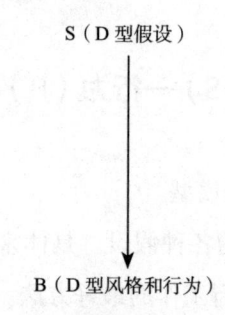

```
    S（D型假设）
        │
        ▼
  B（D型风格和行为）
```

图5-18-4　D型假设强化了D型风格

如果D型领导者需要转变，那么他们缺少什么条件呢？答案是：他们缺少结果（R），或者说各种成果（A3）。这些成果就是D型领导风格所产生的各种结果（R）。这些结果是对我们所进行的各项活动的直接衡量，但是，我们却很少去发现和思考这方面的联结。当某些事情不能证明我们的方法能否适用时，我们会把谴责转移到别的方面，而不是回顾自己的各种假设（S）和行为（B）。

通过从其他人那里得到批评和反馈的信息（A4），我们开始获得关于这些结果（R）的一些启示。更为重要的是，我们可以以从其他人的批评和反馈信息中了解某些要素之间的连接关系，这些要素包括：我们的各种基本假设；这些假设产生的行为；我们所获得的各种结果，特别是涉及其他人的各项结果；这些结果会限制或提高其他人的能力。这种连接如图5-18-5所示。

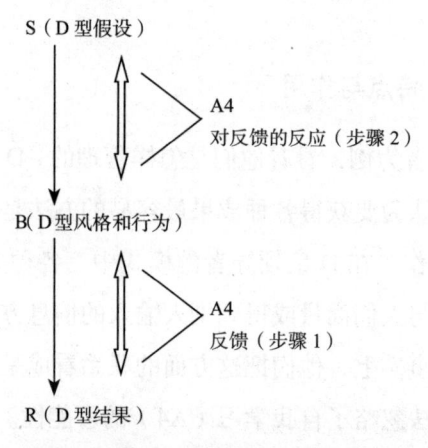

```
    S（D型假设）
        │        ↕  A4
        │           对反馈的反应（步骤2）
        ▼
  B（D型风格和行为）
        │        ↕  A4
        │           反馈（步骤1）
        ▼
   R（D型结果）
```

图5-18-5　反馈和批评能使我们看到我们的假设-行为和结果之间的连接

假如这时 D 型领导者坐下来与下属谈论这些连接的问题，无论如何，他们仍然不可能得到某种诚挚或清楚的信息。因为 D 型领导者的专制风格已经形成了刻板印象，他们还不够开放，没有一个人愿意受到他们的惊吓，下属也不可能给 D 型领导者一个直爽或明确的答案。那么 D 型领导者还可能改变吗？或者说他们有什么理由转变呢？以他们的各种基本假设和行为系统为基础，D 型领导者一直认为他们尽职尽责，很好地履行了他们应尽的义务，下属不必冒险向他们提出不同意见。假如 D 型领导者觉得自己已处于巅峰地位，他们就不必企求其他的职位，他们好像在传递一个信息：当前事态的发展已是转变的终点。

这就是转变过程模型所起的作用，它向不同类型的领导者提供了一种比较模式，使他们了解自己在和其他人一起工作时的路径。只有当你了解了自己的工作路径时，才能够了解自己工作方法的缺陷，从而选择进行工作的最正确方法，为转变创造条件。

有一个特别现象需要说明，在人们了解了不同类型的领导风格后，大多数人认为自己就是 I 型领导风格，这种认识显然是有问题的。因为人们只是评估了自己的各种意图或假设，而没有评估他们的各种行为。换言之，他们总是期待"别人如何了解自己"，而不是期望"人们怎样真实地了解他们"。

通过从其他人那里得到的客观的反馈信息（A4），这些人了解我们的日常工作，我们开始注意到：在"理想的"和"现实的"行为之间的确存在一种差距。一旦我们了解了这种差距，就会逐步理解在各种结果（R）、行为（B）和假设（S）之间的连接关系。

**转变过程模型：方法与应用**

在人们理解了不同领导风格所依据的假设和所得到的结果后，问题就会变得简单。比如，D 型领导者会说："他原来属于 C 型风格"，然后根据这个人的各种假设和结果，预测出他可能获得的成就。还有一种可能，比如，当 D 型领导者看到一位同事的地位迅速提高时，他会重新审视这个人，认为这个同事具备 I 型领导风格，而且他已经感到一种"差距"，这种差距能够促使 D 型领导者尝试做某些不同的事情，这时转变就会发生。D 型领导者或许会跳出自己的领导模式，而采取另一种看法理解这位同事的领导模式。

181

图 5-18-6 描述了 D 型领导者自己的领导模式。

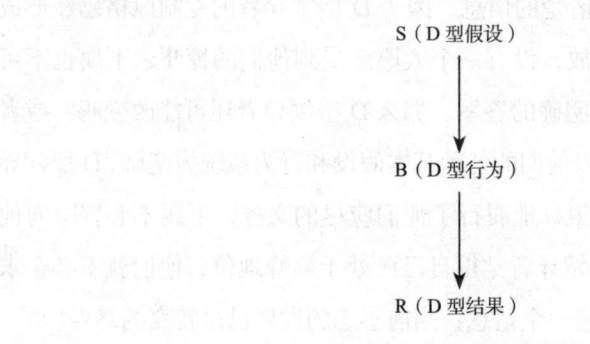

S（D 型假设）
↓
B（D 型行为）
↓
R（D 型结果）

图5-18-6　D型领导模式

图 5-18-7 描述了 D 型领导者眼中的 I 型领导模式。

B（I 型行为）
↓
R（I 型结果）

图5-18-7　I型领导模式

这时，D 型领导者会学习 I 型行为，开始为转向 I 型策略做准备。假如 D 型领导者开始按 I 型风格活动，他会取得 I 型的各种结果吗？答案是否定的。这是因为他们把重点放在行为模型模式的建立上，也就是模拟或复制一种更好的领导模式，从而使自己变成一个好的领导者，如图 5-18-8 所示。

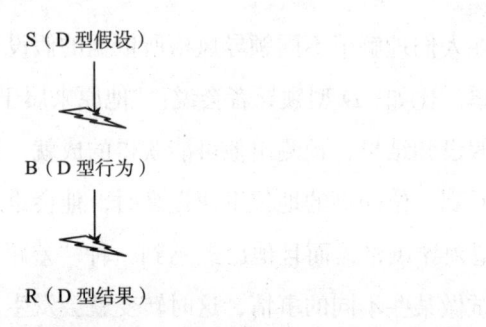

S（D 型假设）
↓
B（D 型行为）
↓
R（D 型结果）

图5-18-8　在假设没有改变的情况下I型结果是难以出现的

在短时期内，D 型领导者会试图进行这些活动，而且当这个模式是"可以见到"时，这些活动可能会进行得如模式的存在一样久，但是当这个模式"消失"时，对 D 型领导者来说，出现的趋势是：滑向他们原来的工作模式。而出现这种趋势的原因是：人们并没有改变自己的假设（S）。如果各种假设没有改变，各种活动就不会改变，那么我们想取得的各种结果必然不会发生。换句话说，要想使转变成功，先从转变"假设"开始，然后分析各种类型领导者的特点（思维定向、领导风格、互动模式），再运用"I 型策略的方法 1-2-3"，全面、具体和动态地实施转变。

## 18.4　转变的建议：从认识领导风格开始

不同类型的领导者实施转变的路径是不一样的，下面给大家提供了一些建议，会使转变的过程更为有效。

**给 D 型领导者的建议**

如何解决冲突？

（1）在你发表争论性意见前，检查一下构成你的各种动力基础。你是从实现控制的愿望出发进行工作呢，还是你正在寻找最正确的解决方案？

（2）因为你趋向于成为进攻性的人，应该让其他人先说话。

（3）当你在叙述自己的见解以前，应当重复那些你认为已经有人说过的意见。

（4）寻找结束这种争论的方法，这种方法即使不能产生平息争论的结果，也能产生使大家分享相互理解的结果。

（5）不要中断争论或压制分歧，要正视矛盾并把问题搞清楚。

如何对待创新精神？

（1）让别人发挥创新精神，不要把你的解决方案强加给别人。问问其他人：他们将如何做某件事，在你告诉他们你如何做那件事以前。

（2）邀请某个人参加你的下一步活动，当活动进行时，要保持一种虚心态度，让其他人对活动过程提出意见，然后设法参与他们的下一步活动，做相同的工作。

（3）关于你要做什么事，在输入信息方面，问问其他人，如果你不这样做，可能会错失非常有价值的信息。

如何调查？

（1）不要低估其他人的见解，而要请他们提出各种见解的理论说明。

（2）当你询问各种问题时，提出你的理论说明，这时人们就会知道，你的问题是从哪里来的。

（3）停止追究"谁是错误的？"而是寻找"解决方法是什么？"

如何实施倡导？

（1）在叙述自己的见解以前，让其他人先发言。

（2）当提出自己的见解时，要客观地叙述。说明既要包括这种方法的优点，也包括它的弱点。

（3）要发掘其他人所说的事情中各种积极的方面，而不是将注意力集中在各种消极方面，然后注意怎样克服各种消极因素。

（4）倡导各种解决方案，不要倡导各种问题。

如何决策？

（1）在作出最后决定之前，面对其他人的想法，试着作各种可能的决定。

（2）综合其他人的各种正确思想，不要因为这些思想不是你的，就想当然地认为是错误的。

（3）邀请那些将执行这项决定的人参与作决定的过程。

如何批评？

（1）你以前的工作作风是对人的谴责，但是当前，假使你没有特别好的想法，最好先不要表态。

（2）培养主动听取意见的能力，意味着当其他人正在谈话的时候，你不要说话，你的责任是聆听每个细节。

（3）不要轻视其他人的各种建议，让他们试一试，并比较各次试验的结果。

**给 S 型领导者的建议**

如何解决冲突？

（1）鼓励其他人"不要盲目附和我的意见"，当他们这样做时，重申你的见解，并且为了进一步澄清看法，问问其他人的意见。

（2）关于你已经加以规范化的那些事情，寻求了解各种保留意见和各方面的疑虑。

（3）对别人说过的事情要主动发表你个人的看法。

（4）假使你认为某个人有一个比你更好的解决方案，要特别强调说明你正在转变想法，然后说明各种理由。否则，你将被人们看作是不果断和软弱无力的。

如何对待创新精神？

（1）在你趋向退避的情况下，试试创新精神。

（2）如果你知道一种更好的办法，就采取创新精神去改进这件事。

（3）用"我将得到某个机会"来代替"我可能不会做得更好"，然而采取行动去实现它。

如何调查？

（1）在各种会议之前，再次考虑自己对各类问题的理解，"不打无准备之打仗"。

（2）建立一种开放的工作氛围，通过提问题，加强征询的力度。

（3）抓住特殊的问题并集中拿出有意义的数据。

如何实施倡导？

（1）预先考虑关于各种问题的意见并复述这些意见，这样你就不会忘记。

（2）当要求发表各种意见时，要成为第一个发言者。

（3）关于你想到的那个问题要具体明确，不要空空洞洞、似是而非。

（4）不要建立自己处于危机时的退路。

（5）把问题放到显著的位置上。

如何决策？

（1）即使你发现决定的作出会令人为难或不愉快，也要停止拖延时间。

（2）只有当其他人能够作出一点贡献时，才邀请他们参与决策过程。

（3）停止仅仅为了获得许诺、接受或赞同的磋商。

（4）当合适的时候，单独拟定各项决定，并且把这些决定和你的理由告知其他人。

如何批评？

（1）当你说明其他人的各种意见如何影响你的时候，要公开、公正和明确。

（2）即使你对一件事下了决心，也要请其他人帮助，告诉他们：每一次你作出让步时，请他们给你自然的反馈信息。

（3）继续注意你的行为引发的各种结果。在每一项主要活动结束时，请问问其他人当时对你的看法。

### 给C型领导者的建议

如何解决冲突？

（1）因为过去你采取一种中立态度，今后在每一个问题上你要采取一种坚定的立场。

（2）假使你不知道正面和反面的理由，问问清楚，然而作出判断。

（3）避免苛待你自己的各种信条，即使这些信条可能不受欢迎。

（4）坚持自己的各种观点，直到找到更好的办法。

（5）不要仅仅为了避免争论而接受其他人的意见。

如何对待创新精神？

（1）在你的职责范围内，采取解决各种问题的活动，同时为了进行这项活动，征求合作者的帮助。

（2）承担更多的任务，特别是有连带关系的各种任务。

（3）在解决你与各种团队共同承担的问题上，要提供援助。

（4）要与整个组织和团队结合在一起，成为一个自愿的参加者。

如何调查？

（1）通过询问涉及下属或同事的各种问题，重建你的知识基础，不要害怕让别人知道你不了解那些问题。

（2）整理和融会贯通有关文学、各种资料和各类新闻报道方面的知识，变成精通业务的人。

（3）关于现在工作中的问题要心中有数，在各种会议上，为了提出明智的问题，要有准备。

如何实施倡导？

（1）当你发表一种主张的时候，应该按一种明确的方法提出来，以使这种主张的意义不被弄错。

（2）假使在有些事实中，你被抓住了短处，允许其他人探究到底，然后回到相应的当事人中，让他们来告诉你问题所在。

（3）采取行动，而不是用语言来表明所承担的义务。

（4）采取各种行动作为你再次承担义务的基础。

（5）你可能重新获得其他人的尊敬，但是只有当这种尊敬值得拥有时。

如何决策？

（1）问问自己："我曾经以某种信息传递的方式委派这项任务了吗？"

（2）说服下属：当他们感觉这种委派任务的方式正在出现时，给予你反馈。

（3）坚持促使自己进入活动领域，停止做个旁观者，要参加进来。

（4）避免简单地认输以摆脱自己的困境，要对你和你的各种行为负责。

如何批评？

（1）主动地开始某种批评。

（2）关于其他人怎样对你作出反应，从他们那里征求直接的反馈信息。

（3）向其他人征求你能够采取的各种改进步骤，以使工作更富有成效。

（4）假使人们轻视你，也要坚持下去，直到你得到某种回答为止。

# 附录

# 附录1　领导力自评量表

**量表概要**

工　具　名　称：DISC（Personal Profile Analysis）
编　　　　制：Thomas. M. Hendrickson
中　国　修　订：liang li（李亮）
适　用　年　龄：18～55
形　　　　式：自陈式迫选量表
理　论　基　础：DISC 理论（William Marston，1928）
维　　　　度：4（D、I、S、C）
信　　　　效：0.85-0.86
常　　　　模：依据全球测试数据库而更新，目前全球年测试量约 100 万人次，中国地区年测试量约 4 万人次。
题　　　　量：24+24=48
适　用　范　围：工作情境
诊　断　问　题：个体在工作情境下的领导风格

**量表维度**

量表不含分测试，以整体最终结果呈现个体在 DISC 四个维度上的特征。四个维度分别为：战术型领导者（D 型），交互型领导者（I 型），战略型领导者（S 型），护卫型领导者（C 型）。

**量表效果**

以心理类型理论和特质理论为基础，能够帮助识别被测试个体在不同情境下的领导偏好，具体能够测量出：

个体通常的行为倾向性；

工作特长；

个体内部和外部的激励因素；

个体在压力下可能表现出来的行为特点；

个体如何调整自己以适应工作环境要求；

个体可能存在挫折和压力的领域。

第一步：自我评价【测量步调/个性焦点】

下面一些句子，用来帮助我们判断自己的倾向属于快步调还是慢步调，从而明确自己的个性焦点。在每一组句子中，圈出最符合自己的句子，一定要客观真实：

1. 我作决定通常和迅速，或者……

2. 我喜欢从容地作决定。

3. 我说话快速，感情丰富，或者……

4. 我说话慢条斯理，并且较少使用煽动性的语言。

5. 我闲不住，或者……

6. 我愿意享受安静、闲暇的时光。

7. 我喜欢活跃的生活方式，或者……

8. 我的生活方式很低调。

9. 同时身兼数职能让我精神焕发，或者……

10. 我喜欢一次只做一件事。

11. 我容易对慢步调的人失去耐心，或者……

12. 我不喜欢仓促行事。

13. 我乐意告诉别人自己的想法与感受，或者……

14. 我乐意保留自己的想法与感受。

15. 我不介意碰运气，愿意尝试新鲜事物，或者……

16. 我不喜欢碰运气，喜欢用熟悉的方法做事。

17. 在社交场合中，我会主动向别人介绍自己，或者……

18. 在社交场合中，我常会等别人来介绍我。

19. 我没有足够的耐心去倾听别人的说话，或者……

20. 别人说话时，我会很仔细地聆听。

21. 我喜欢领导他人，或者……

22. 我愿意遵从指示，尽力配合。

23. 我的反应迅速及时，或者……

24. 我的反应倾向于三思后行。

现在开始计分，看看自己圈出的句子中单数多还是双数多。如果你圈出的单数句子多，就属于快步调；双数句子是用来描述慢步调的人。请将你圈出的句子总数记录下来：

【       】单数句子的数目 / 快步调

【       】双数句子的数目 / 慢步调

第二步：自我评价【测量优先顺序 / 特别关注】

以下句子可以用来帮助你判断自己的优先顺序，从而得知自己关注的是人际关系还是任务。同样，在每一组中圈出你认为最能贴切地描述自己的句子。

1. 我对待生活的态度严肃，或者……

2. 我倾向于轻松的生活。

3. 我倾向于保留自己的态度，或者……

4. 我乐于与别人分享自己的感受。

5. 我喜欢与人交流事实与数据，或者……

6. 我喜欢诉说与聆听有关人物的故事。

7. 我倾向于根据事实、客观情况及证据作决定，或者……

8. 我倾向于根据感觉、经验或人际关系作决定。

9. 我对闲聊没有兴趣，或者……

10. 我对闲聊比较感兴趣。

11. 我对人际交往的对象比较挑剔，或者……

12. 我愿意发展新的人际关系，并深入了解他人。

13. 大家可能会认为我不容易接近，或者……

14. 大家可能会认为我易于接近。

15. 我喜欢独立工作，或者……

16. 我比较喜欢与别人合作。

17. 我乐意讨论时事与手中正在进行的工作，或者……

18. 我喜欢谈论人物、故事与奇闻逸事。

19. 我自认为是一个比较拘谨的人，或者……

20. 我自认为是一个比较轻松自在的人。

21. 别人认为我爱思考，或者……

22. 别人认为我重感觉。

23. 完成一件事时，是我感觉最棒的时候，或者……

24. 当别人接纳我时，我感觉最好。

你若圈出较多单数的句子，就倾向于任务导向；若圈出较多双数的句子，就偏向于人际导向。现在请将单数与双数的总数，分别填入空格内。

【　　】单数句子的总数 / 任务导向

【　　】双数句子的总数 / 人际导向

第三步：编制矩阵

一旦认识"快步调 / 慢步调"与"任务导向 / 人际导向"这两条线，下一步就要看看它们是如何编制成各种不同的行为模式。

将两条线垂直于同一图表中，就形成了四个区域，每个区域代表一个特定的行为模式。这种用来探讨个人行为的方法，就是"DISC 矩阵"模型，如附图 1 所示。

说明：

一般步调快、任务导向的人属于战术者（D 型），或称指挥性 / 坚持性强的人。他们通常霸道、果断，有过分的要求，喜欢掌控一切，一心要冲破阻挡在目标前的任何障碍或反对力量。

快步调、人际导向的人属于交互型者（I 型），或称互动 / 影响性强的人。他们是一意孤行的人。但和 D 型人的做法不同，他们总是采用游说的方式，使别人赞同自己。他们热忱，使人乐于与之共处。

慢步调、人际导向的人属于战略者（S 型），也称辅助 / 温和性强的人，他们随和、可靠，喜欢维持原状，通常是顺应周遭环境，而不是去主导和领导。他们愿意与人合作，在顺利、被支持、和谐的环境中，会感到满意与安心。

慢步调、任务导向的人属于护卫者（C 型），也称纠正 / 严谨性强的人。他们常常把事情按照自己的看法分为"对"或"错"。他们爱分析、拘谨、含蓄，生活和工作井井有条。

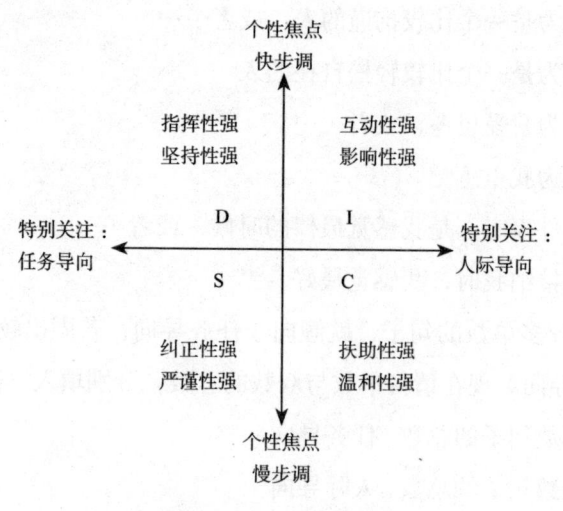

```
              个性焦点
              快步调
               ↑
  指挥性强  │  互动性强
  坚持性强  │  影响性强
           D│  I
特别关注：  │        特别关注：
任务导向 ←──┼──→    人际导向
           S│  C
  纠正性强  │  扶助性强
  严谨性强  │  温和性强
               ↓
              个性焦点
              慢步调
```

**附图1　DISC矩阵模型**

第四步：得分情况

现在，你可以根据先前的有关步调与优先顺序的测试所得的分数，形成一个粗略的概念，如附图2所示。

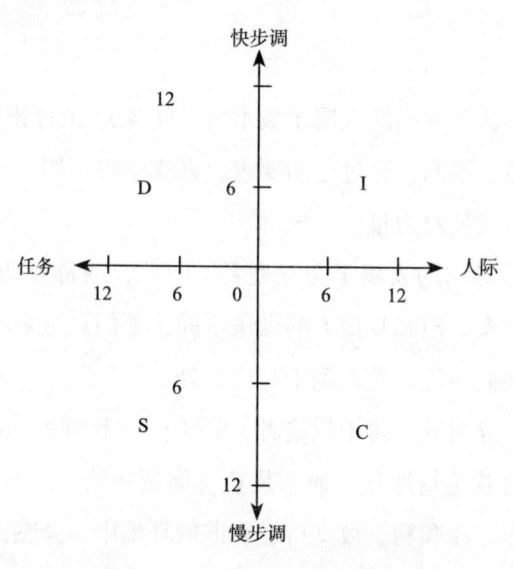

```
              快步调
               ↑
              12
               │
          D    6    I
               │
任务 ←─────────┼─────────→ 人际
      12  6   0   6   12
               │
               6
          S        C
               │
              12
               ↓
              慢步调
```

**附图2　DISC矩阵模型得分情况**

在附图 3 上，先找出你的步调最高得分的位置，然后画一个"×"；以同样的方法，标出你在优先顺序的最高得分位置，然后画一条垂直线通过"步调轴"上的"×"，以及一条平行线通过"优先顺序轴"上的"×"。这两条线的交叉点所在的区域就显示出你的主要模式倾向。

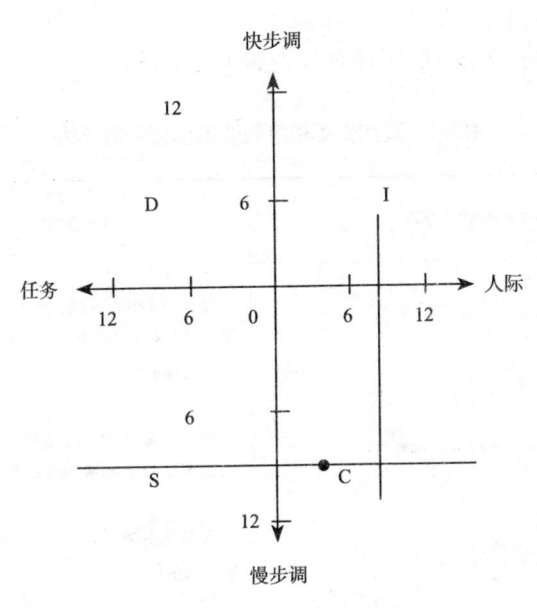

附图3　DISC矩阵模式倾向

举例说明：如果你的步调得分为快 =2、慢 =12，只需在慢的一端 10 分处画"×"。如果优先顺序得分为任务 =3、人际 =9，就在人际那一端的 9 分处画"×"。从这两点各自延伸出一条垂直线与平行线，交点会落在 S 区间。

# 附录2  真实变革和虚假变革型领导对照表

真实变革和虚假变革型领导对照表如附表1所示。

附表1  真实变革和虚假变革型领导对照表

| 真实的变革型领导者 | 虚假的变革型领导者 |
| --- | --- |
| 呼吁兄弟友谊 | 强调虚拟的"我们—他们"在价值观方面的差异并且坚持认为"我们"传承了好的价值观,而"他们"则没有 |
| 在组织内部促进符合道德标准的秩序<br><br>执着于明确阐述并不断推进道德行为法则 | 利用追随者的业绩揽权<br>沉溺于权力和成功的幻想<br><br>告诫其追随者要"相信我",但是他们(追随者)却难以被信任 |
| 培育一种组织内部的优异的道德氛围<br>努力成为其追随者的榜样<br><br>着重于人的优点、和谐、友善和好的工作<br><br>关心什么是可以为团体、机构或社团所能争取的利益 | 拥有一个宏伟的愿景<br>希望成为其追随者的偶像<br><br>着重于人的缺陷、邪恶的阴谋、不现实的危险、借口和安全隐患<br><br>误导、欺骗、谎言<br>公开场合坦诚关注大德大爱,但私下只关心为自己能争取到什么好处 |
| 帮助追随者对假设提出质疑,也能就问题提出创新的解决方案<br><br>认可和肯定其他人议题中的优点<br><br>进行理智的对话 | 强调权威,淡化理性<br>把他人的想法据为己有,并让其他人成为失败的替罪羊<br><br>用逸事和闲话代替事实<br>吸收追随者的无知<br>用情绪化的争执代替理智的对话 |

续表

| 真实的变革型领导者 | 虚假的变革型领导者 |
| --- | --- |
| 把任何一个追随者看成是个性化的人,为之提供指导和成长的机会 | 更关注如何依赖他们的追随者。喜欢并期望盲从 |
| 关注如何提携自己的追随者,使他们成为领导者 | 在追随者中助长宠信和不良竞争 |
| 关心如何帮助追随者变得更加具有竞争力。服务于他人 | 追求与追随者之间的一种"父—子"关系<br>利用权力强化个人 |

来源:伯纳德·M.巴斯.《道德,个性,以及真正的变革型领导者的行为方式》。

## 附录3　真伪变革型领导者练习表

以下是由不同的研究者在一份政治和社会领袖的名单中区分出来的真伪变革型领导者。根据巴斯的定义,你会怎样区分名称中的真假领导者呢?

练习表

| 领导者 | 真 | 伪 |
| --- | --- | --- |
| 阿登纳 | | |
| 乔治·W.布什 | | |
| 卡斯特罗 | | |
| 张伯伦 | | |
| 丘吉尔 | | |
| 戴高乐 | | |
| 杜威 | | |
| 杜勒斯 | | |
| 艾森豪威尔 | | |
| 圣雄甘地 | | |
| 霍姆斯 | | |
| 埃德加·胡佛 | | |
| 肯尼迪 | | |
| 马丁·路德金 | | |
| **领导者** | **真** | **伪** |
| 麦克阿瑟 | | |
| 马歇尔 | | |
| 威廉·佩利 | | |
| 约瑟夫·普利策 | | |

罗纳德·里根

洛克菲勒

隆美尔

弗兰克林·D.罗斯福

西奥多·罗斯福

撒切尔夫人

杜鲁门

华盛顿

## 研究人员的答案

| 领导者 | 真 | 伪 |
|---|---|---|
| 阿登纳 | √ | |
| 乔治·W.布什 | √ | |
| 卡斯特罗 | | √ |
| 张伯伦 | | √ |
| 丘吉尔 | √ | |
| 戴高乐 | | √ |
| 杜威 | √ | |
| 杜勒斯 | √ | |
| 艾森豪威尔 | | √ |
| 圣雄甘地 | √ | |

| 领导者 | 真 | 伪 |
|---|---|---|
| 霍姆斯 | √ | |
| 埃德加·胡佛 | | √ |
| 肯尼迪 | √ | |
| 马丁·路德金 | | √ |
| 麦克阿瑟 | √ | |
| 马歇尔 | √ | |
| 威廉·佩利 | √ | |

| 约瑟夫·普利策 | √ |  |
|---|---|---|
| 罗纳德·里根 | √ |  |
| 洛克菲勒 |  | √ |
| 隆美尔 |  | √ |
| 弗兰克林·D. 罗斯福 | √ |  |
| 西奥多·罗斯福 | √ |  |
| 撒切尔夫人 |  | √ |
| 杜鲁门 | √ |  |
| 华盛顿 | √ |  |